Círculo Rojo

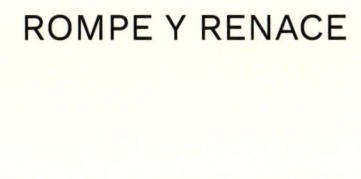

ROMPE Y RENACE

ROMPE Y RENACE

ELVIRA GÓMEZ TORÉ

Círculo Rojo
EDITORIAL

Primera edición: diciembre 2025

Depósito legal: SE 2995-2025

ISBN: 979-13-7035-283-7
Impresión y encuadernación: Editorial Círculo Rojo

© Del texto: Elvira Gómez Toré
© Maquetación y diseño: Equipo de Editorial Círculo Rojo
© Ilustración de portada: Alicia Abril, Círculo Rojo

Editorial Círculo Rojo
www.editorialcirculorojo.com
info@editorialcirculorojo.com

Impreso en España - Printed in Spain

Agradecimientos

Expreso mi más profunda gratitud a mi amado compañero de vida, cuya luz, temple y personalidad han sido esenciales en este viaje. Este libro no habría sido posible sin su constante apoyo, sin su música de saxofón de fondo y su capacidad de compartir cada momento y emoción.

Asimismo, agradezco a dos pilares fundamentales en mi vida, cada una con una fuerza única e inigualable. Ellas saben quiénes son, y mi gratitud hacia ellas es inconmensurable.

A mis padres, abuelos y ancestros, les agradezco por brindarme raíces sólidas y por inculcarme los valores de la vida, el amor y la perseverancia.

A mi querida familia, cada encuentro es una inmensa alegría, un recordatorio de la plenitud que se alcanza al compartir la vida.

Este libro es una invitación a que los lectores encuentren en sus propios caminos la fuerza, la luz y la emoción de vivir plenamente.

Índice

Introducción

Mi vida, como la de tantas personas, ha sido un viaje lleno de preguntas, miedos, aprendizajes y también de descubrimientos.

Durante muchos años viví en piloto automático, cumpliendo con lo que se esperaba de mí, sin darme demasiado espacio para preguntarme qué era lo que realmente necesitaba.

La vida, sin embargo, tiene maneras sutiles —y otras no tan sutiles— de llamarnos a despertar. En mi caso, fueron los retos de la salud, los miedos acumulados y una sensación interna de vacío lo que me empujó a iniciar un camino hacia dentro. Ese camino no siempre fue fácil, pero me abrió puertas a lugares que ni imaginaba.

En dos mil diecinueve, con mucho esfuerzo, compramos una parcela en el campo y restauramos una casa a medio hacer, limpiamos una parcela llena de escombros, hierbas de años sin cortar, lo hicimos con tanta ilusión que todos los ratos libres, fines de semana, vacaciones, todo para la parcela, lo que ahorrábamos era gastado allí. Dos años más tarde nos mudamos, definitivamente, buscando algo que llevaba tiempo sintiendo: la necesidad de vivir en contacto con la naturaleza. Rodeada de naranjos, con mi pequeño huerto y el canto de los pájaros cada mañana, empecé a encontrar una paz que antes se me escapaba entre el ruido y la prisa.

En ese espacio más simple y natural, descubrí que el bienestar no está en acumular, sino en soltar. No en correr, sino en aprender a parar. No en mirar afuera constantemente, sino en atreverme a mirar hacia dentro.

Escribir este libro nace de ese deseo: compartir lo que he ido aprendiendo en este camino, con honestidad y sencillez. No pretendo dar recetas mágicas, porque cada persona tiene su propio viaje. Pero sí quiero tenderte la mano para que, al leer estas páginas, puedas reconocerte en ellas y tal vez animarte a dar tus propios pasos hacia una vida más plena y consciente.

Este libro es, en el fondo, un mapa emocional. Una recopilación de experiencias, reflexiones y herramientas que me han ayudado a transformar mi relación conmigo misma y con la vida. Si algo de lo que leas aquí te inspira, te toca o te invita a detenerte un momento, entonces habrá cumplido su propósito.

SENTIRSE:
EL PRIMER PASO
HACIA EL
CAMBIO

→

Capítulo 1

Sentirte: el primer paso hacia el cambio

Durante más de treinta años he acompañado a pacientes en hospitales, centros de salud y domicilios. He cuidado heridas, he calmado dolores, he escuchado lágrimas y he compartido silencios. La enfermería me ha enseñado que no solo se trata de aplicar tratamientos o administrar medicación, sino de **mirar a la persona en su totalidad**: cuerpo, mente y alma.

He visto cómo muchas enfermedades llegan después de años de no escucharse. Dolores que comenzaron como un susurro en el cuerpo y que, por no atenderse, terminaron gritando con fuerza. Pacientes que nunca se permitieron parar, sentir su cansancio, reconocer su tristeza o su miedo... y que finalmente enfermaron.

La importancia de prevenir

En Occidente solemos acudir a la medicina cuando la enfermedad ya está instalada. Esperamos a que duela, a que algo falle, para reaccionar. La medicina oriental y las tradiciones hindúes, en cambio, nos muestran otro camino: **prevenir antes que curar**.

Y la prevención empieza por la autoconciencia, por la capacidad de sentirnos y detectar a tiempo las señales internas.

Cuando aprendemos a escucharnos, somos capaces de identificar el inicio del desequilibrio:

- El insomnio que avisa de una mente saturada.
- La tensión en el estómago que revela una emoción atrapada.
- El cansancio profundo que no se resuelve con dormir más, porque es el alma la que pide descanso.

Enfermería y medicina espiritual: un puente necesario

La enfermería, tal y como yo la vivo, no es solo ciencia, es también **acto de amor y presencia**. Curar una herida física sin atender el dolor emocional que la acompaña es dejar el proceso incompleto. El cuidado verdadero requiere contacto humano, escucha y respeto por la dimensión espiritual de la persona.

De la misma manera, la medicina espiritual nos invita a ver la salud como un estado de equilibrio integral. No se trata únicamente de que no haya síntomas, sino de que la persona se sienta plena, en armonía con su cuerpo y con su vida.

Ahí radica el poder de **sentirte**: cuando conectas con tu interior, previenes que el cuerpo tenga que hablar con la enfermedad.

Ejercicio práctico: la escucha del cuerpo

Te invito a hacer un ejercicio inspirado en la observación clínica y la atención plena:

1. Cierra los ojos y lleva tu atención al cuerpo, como si fueras tu propia enfermera.

2. Recorre mentalmente cada zona, como si hicieras una «exploración física» desde dentro.
3. Pregúntate: ¿qué zona necesita más cuidado hoy? ¿Dónde noto tensión, calor, vacío, dolor?
4. Llévate la respiración, como si fuera una caricia sanadora.

Este gesto de **auto enfermería** es una forma de prevención: cada día detectas pequeños desequilibrios y puedes actuar antes de que se conviertan en enfermedad.

Sentirse para transformar

Sentirse es un acto de humildad y de valentía. Es detenerse y reconocer lo que el cuerpo y el alma llevan tiempo diciendo. Como enfermera he visto lo que ocurre cuando no nos damos ese permiso: el cuerpo acaba expresando lo que la mente y el corazón callaron.

El cambio comienza aquí: en el compromiso de cuidarnos como cuidamos a los demás, en la decisión de escuchar antes de enfermar, en la valentía de **sentirnos para vivir en equilibrio**.

La enfermedad no aparece de la nada, sino que es la manifestación de un desequilibrio en nuestro cuerpo.

Este desajuste puede ser de origen físico, hormonal, emocional o energético, y surgir a raíz de múltiples factores: desde infecciones, alteraciones neurológicas o efectos secundarios de medicamentos, hasta el peso de nuestras emociones no escuchadas. Todo lo que se altera en nuestro interior termina afectando a nuestra salud y a la manera en que vivimos el día a día. Por eso es tan importante **aprender a escuchar el cuerpo,** porque él nos avisa antes de romperse del todo: a través del cansancio, del dolor, de la tensión o de esos pequeños síntomas que solemos ignorar. Cuando logramos atender estas señales y cultivamos el equilibrio, prevenimos la enfermedad y favorecemos la armonía. En las tradiciones orientales, este principio se refleja en el equilibrio de los **doshas**, que explican cómo las distintas fuerzas vitales interactúan dentro de cada persona y cómo su desajuste puede abrir la puerta a la enfermedad.

Un proverbio ayurvédico afirma: **«Cuando la dieta es incorrecta, la medicina no sirve de nada. Cuando la dieta es correcta, la medicina no es necesaria».** Esta frase sugiere que un desequilibrio en la alimentación tiene un impacto en la salud, volviendo inútiles otros remedios.

Como dijo Joseph L. Goldstein, galardonado Premio Nobel de Medicina en mil novecientos ochenta y cinco: **«El ser humano pasa la mitad de su vida arruinando la salud y la otra mitad intentando restablecerla».** Esta frase promueve estilos de vida saludable y la importancia de la prevención para una vida más plena.

Elementos para una vida más plena

* **Propósito:** Tener metas, sueños y una razón para vivir que te motive.
* **Equilibrio y bienestar:** Cuidar la salud física y mental, la buena alimentación y la práctica regular de ejercicio.
* **Buena red de vínculos:** Cultivar relaciones cercanas y de calidad con familiares, amigos y la comunidad.
* **Paz interior y autodominio:** Sentirse a gusto con uno mismo, controlar las emociones y vivir en armonía.
* **Contribución y altruismo:** Sentir satisfacción al ayudar a los demás y trabajar por un mundo mejor.

«Sé el cambio que quieres ver en el futuro».
Mahatma Gandhi

LA IMPORTANCIA DE ESCUCHARNOS

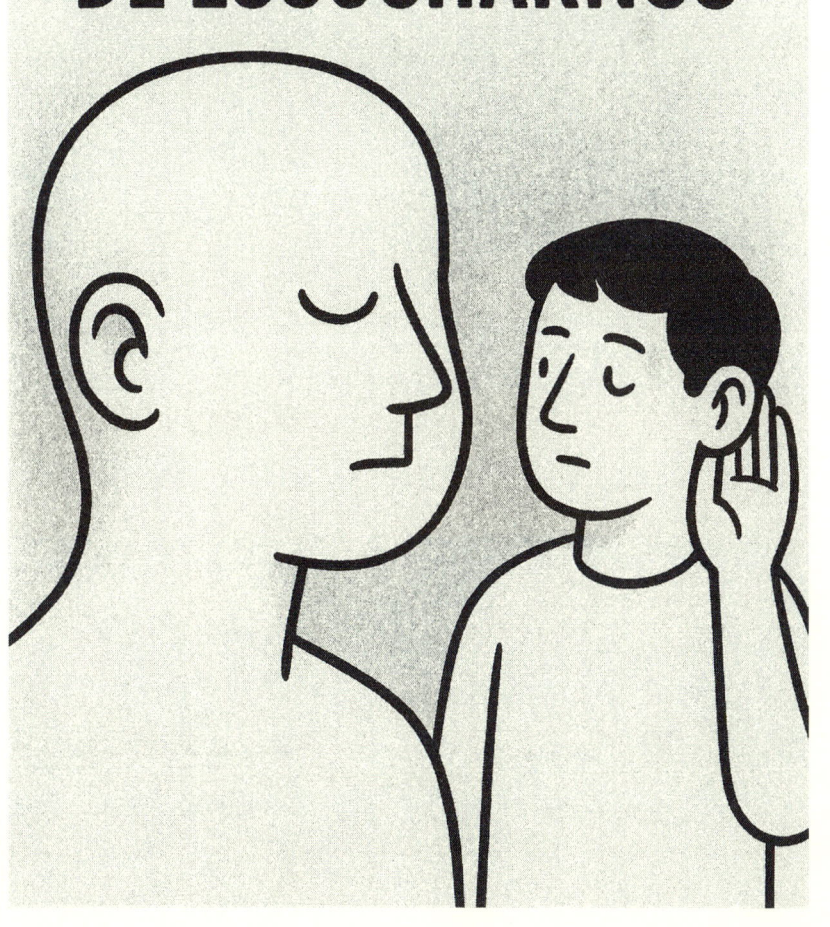

Capítulo 2

La importancia de escucharnos

Escucharnos a nosotros mismos puede parecer algo sencillo, pero en realidad es uno de los mayores retos que tenemos en la vida moderna.

Pasamos tanto tiempo ocupadas, corriendo de una obligación a otra, pendientes de lo que los demás necesitan, que olvidamos lo más básico: parar un momento y preguntarnos cómo estamos.

Durante años yo misma confundí el «estar bien» con «seguir funcionando». Mientras pudiera cumplir con el trabajo, la familia y las responsabilidades, creía que todo estaba bajo control. Pero por dentro había un vacío que no desaparecía. Fue entonces cuando empecé a darme cuenta de que no me escuchaba. No escuchaba mi cuerpo, que me pedía descanso. No escuchaba a mis emociones, que me hablaban a través de la ansiedad o la tristeza. No escuchaba a mi corazón, que reclamaba más autenticidad.

Escucharnos significa volver a conectar con esa voz interior que tantas veces hemos silenciado. Es un acto de amor propio y también de valentía, porque lo que esa voz nos dice no siempre es cómodo. A veces nos pide poner límites, otras cambiar de rumbo, otras soltar personas o situaciones que ya no nos nutren.

Cuando aprendemos a escucharnos, la vida se transforma. El cuerpo deja de ser un enemigo y se convierte en un aliado. Las emociones dejan de ser un problema y pasan a ser un lenguaje que nos guía. Los pensamientos dejan de controlarnos y se vuelven un espacio de observación.

Un paso importante en este camino es dar espacio al silencio. Cuando siempre estamos rodeadas de ruido —externo o interno— es imposible escuchar. Por eso, cultivar momentos de calma, aunque sean breves, es esencial. Puede ser una respiración consciente, un paseo sin auriculares, unos minutos de meditación. Esos instantes son como abrir una ventana dentro de nosotras para que entre claridad.

Escucharnos no significa hacer siempre lo que nos apetece, sino reconocer lo que de verdad necesitamos. A veces necesitamos acción, otras descanso. A veces necesitamos compañía, otras soledad. La sabiduría está en saber distinguirlo.

En mi experiencia, cada vez que me he atrevido a escucharme de verdad, he tomado decisiones que han cambiado mi vida para mejor, aunque al principio dieran miedo. Y cada vez que he ignorado esa voz, la vida ha buscado la manera de recordármelo, normalmente a través de síntomas, de conflictos o de agotamiento.

Escuchar es el primer paso para vivir alineadas con nosotras mismas. Es volver a casa. Es mirarnos con compasión y honestidad. Y desde ahí, elegir con más claridad cómo queremos vivir.

Ejercicio propuesto: Diario de escucha interna

Durante una semana, dedica cinco minutos a responder tres preguntas en una libreta:
1. ¿Qué me ha pedido hoy mi cuerpo?
2. ¿Qué emoción ha estado más presente?

3. ¿Qué hubiera necesitado de verdad en este día?

No se trata de juzgarte, sino de aprender a reconocer señales. Con el tiempo, descubrirás patrones y tendrás conocimiento sobre lo que realmente necesitas para cuidarte.

No te apresures en tu camino,
ni sigas los pasos de otros.
**Siéntate y descansa un momento
y escucha tu voz interior.**
Esta es la voz que te busca y guía.
El mejor consejo que puedes escuchar
Trae pureza a tus sentimientos
y te da la libertad de ser realmente
la persona que quieres ser.
Recuerda: **Todas las respuestas
que buscas las tienes encerradas
en tu limpia y pura voz interior.**
Hacemos una vasija de un pedazo de
arcilla: y es el espacio vacío en
el interior de la vasija lo que
la hace útil.
Hacemos puertas
y ventanas para una estancia;
y son esos espacios vacíos los
que la hacen habitable.
Así, mientras
que lo tangible posee cualidades,
es lo intangible lo que lo hace útil.

Lao-Tsé

EL PODER
DE LA MENTE

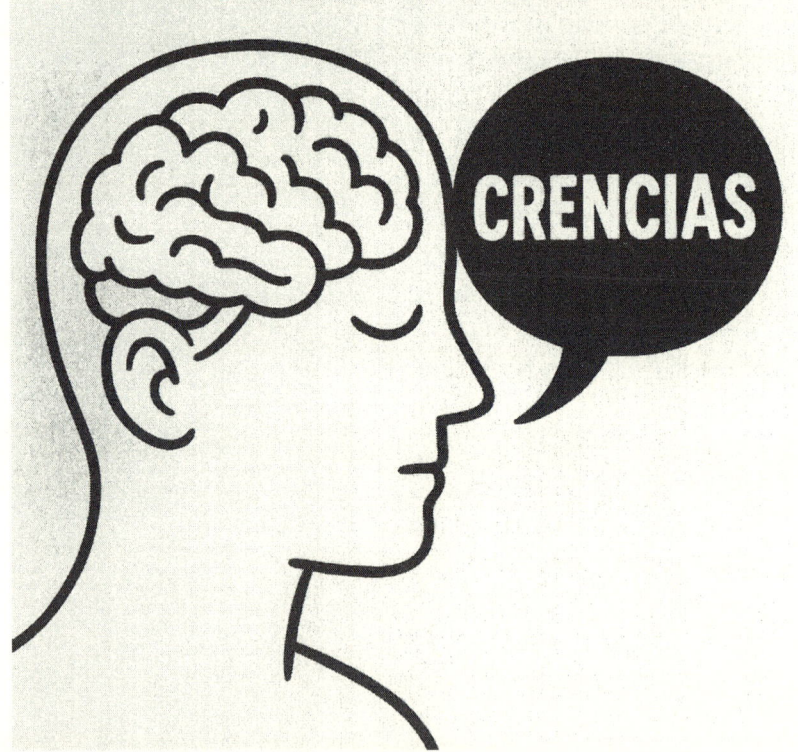

CRENCIAS

Capítulo 3

El poder de la mente y las creencias

Nuestra mente es una herramienta maravillosa, capaz de crear, imaginar, transformar. Pero también puede convertirse en una jaula si no aprendemos a observarla y gestionarla. Muchas veces no somos conscientes de que lo que pensamos, una y otra vez, termina moldeando nuestra realidad.

Una frase que siempre me acompaña es: «Aquello en lo que pones tu atención, crece». Si enfocamos la mente en el miedo, en la carencia o en la inseguridad, eso mismo se expande en nuestra vida. Si, en cambio, cultivamos pensamientos de confianza, gratitud y posibilidades, poco a poco el entorno comienza a responder de otra manera.

Las creencias juegan un papel fundamental en este proceso. Una creencia no es más que un pensamiento repetido tantas veces que lo damos por verdadero. Algunas creencias nos impulsan: «soy capaz de aprender», «me merezco lo bueno que llega a mi vida». Pero otras nos frenan: «no soy suficiente», «es tarde para mí», «si digo lo que siento me rechazarán».

Lo más curioso es que la mayoría de esas creencias limitantes no las elegimos conscientemente. Se instalaron en nosotras en la infancia, a través de la educación, la familia, la sociedad. Y aunque no tengan base real, siguen condicionando cómo nos vemos y qué decisiones tomamos.

El primer paso para transformar esas creencias es darnos cuenta de cuáles son.

Observar los pensamientos que se repiten en nuestro día a día y preguntarnos:

¿Esto es realmente cierto?

¿De dónde viene esta idea?

¿Me ayuda o me limita?

Cuando empezamos a cuestionar lo que damos por verdad, abrimos la puerta al cambio. No se trata de luchar contra la mente, sino de aprender a entrenarla, igual que entrenamos el cuerpo. Con paciencia, constancia y práctica, podemos cultivar pensamientos más sanos, que nos impulsen en lugar de frenarnos.

En mi propio camino he descubierto que cambiar una creencia puede ser como abrir una ventana en una habitación oscura. De pronto entra luz, ves posibilidades donde antes solo había límites, y empiezas a caminar con más confianza.

El poder de la mente no está en controlarlo todo, sino en aprender a elegir dónde ponemos nuestra energía. Y en recordarnos que siempre tenemos la capacidad de sembrar nuevas ideas, nuevas formas de vernos, nuevas oportunidades.

Como dijo Aristóteles: **«El pensamiento condiciona la acción, la acción determina los hábitos, los hábitos forman el carácter y el carácter moldea el destino».**

El laberinto invisible: Cómo las creencias limitantes encadenan el poder de tu mente

«La mente no es una jaula. Pero puede convertirse en una si crees que el cielo es el techo».

Desde tiempos inmemoriales, los grandes sabios y místicos han afirmado que el universo entero cabe en una sola mente despierta. Sin embargo, la mayoría de las personas caminan por la vida como si tuvieran los ojos vendados, guiadas no por su verdadero poder interior, sino por una arquitectura invisible hecha de pensamientos heredados, juicios ajenos y miedo disfrazado de lógica. A eso lo llamamos creencias limitantes.

Pero ¿y si te dijera que esas creencias no solo moldean tu realidad… sino que son las barreras energéticas que sellan tu acceso a la manifestación infinita de tu ser?

El poder de la mente: fuente creadora

La mente no es una herramienta, es una antena cuántica. No solo interpreta el mundo: lo proyecta.

Cada pensamiento es una frecuencia.

Cada emoción es una vibración.

Cada creencia es una orden silenciosa al universo.

Cuando la mente está alineada con una conciencia expandida, se convierte en un canal de creación, sanación y transformación. Pero cuando está esclavizada por creencias limitantes, ese mismo poder creador se vuelve contra uno mismo, generando patrones de autosabotaje, escasez, enfermedad y desconexión.

¿Qué son las creencias limitantes?

Son frases que suenan como verdades absolutas, pero que en realidad son contratos energéticos que firmamos sin leer la letra chica:

- «No soy suficiente».
- «El amor siempre duele».
- «No puedo vivir de lo que amo».

- «La espiritualidad y el dinero no van de la mano».

Estas no son solo ideas negativas: son **filtros perceptivos** que distorsionan tu campo mental y bloquean la energía de tu alma.

Son como hechizos lanzados por versiones pasadas de ti mismo… que tú mismo puedes romper.

Cómo nace el encierro mental

La mente no crea límites por maldad, sino por protección. En algún punto del pasado, una experiencia dolorosa sembró la semilla del miedo. La mente, queriendo evitar que ese dolor se repita, construyó un muro… y tú creíste que ese muro era la frontera de tu existencia.

Así, el poder de tu mente quedó atrapado en una jaula creada por tu niño herido, no por tu Yo superior. Y aquí está la paradoja: cuanto más fuerte es tu mente, más potentes son los límites que puede crear si no estás consciente de ellos.

Despertar: El arte de desprogramar

Romper una creencia limitante no es solo cambiar una idea. Es desactivar un patrón vibracional, es decirle a tu alma: «Estoy listo para recibir más luz».

¿Cómo se hace?

1. **Reconocimiento**: Detecta la frase que repites en silencio.
2. **Origen**: Pregúntate: «¿De dónde viene esto? ¿Es mío o lo heredé?»
3. **Reprogramación**: Reemplázala por una verdad que expanda tu energía, como:

4. «Merezco lo que mi alma sueña».
5. **Anclaje espiritual**: Usa afirmaciones, meditación, respiración consciente, escritura sagrada. Haz que tu nueva creencia no sea solo mental, sino vibratoria.

El salto cuántico

Cuando rompes una creencia limitante, no solo mejoras tu vida. Cambias tu frecuencia, y con ello, el campo de posibilidades que se abre ante ti. Es como salir de una habitación oscura y descubrir que había puertas ocultas esperando tu decisión de ver.

El **poder de tu mente** es el pincel.

Tus creencias son los colores.

Y tú decides si pintas una jaula... o unas alas.

Conclusión

La mente no está aquí para gobernarte. Está aquí para servir al alma.

Pero para eso, debes liberarla de las voces del miedo, del «no puedo», del «qué dirán», del «así soy yo».

Eres mucho más que tus pensamientos.

Eres el ser que los observa, el que elige qué creer... y el que tiene el poder sagrado de decir:

«Hoy elijo recordar quién soy. Y desde ese lugar, lo imposible se convierte en mi punto de partida».

Ejercicio propuesto: Detectando creencias limitantes

1. Escribe en tu libreta una meta que quieras lograr.

2. A continuación, anota todos los pensamientos que aparecen al pensar en esa meta (ejemplo: «es muy difícil», «no tengo tiempo», «quizás no es para mí»).
3. Señala cuáles de esos pensamientos son limitantes y cámbialos por una afirmación positiva y realista (ejemplo: «puedo empezar poco a poco», «puedo aprender lo que me falta», «merece la pena intentarlo»).

Repite estas nuevas frases cada día, en voz alta o en tu interior. Con el tiempo, notarás cómo tu mente empieza a acompañarte en lugar de sabotearte.

«Si mi mente puede concebirlo, y mi corazón puede creerlo, entonces puedo lograrlo».
Muhammad Ali

CUIDAR EL CUERPO

Capítulo 4

Cuidar el cuerpo, habitar la vida

Durante años viví desconectada de mi cuerpo. Como muchas mujeres, lo trataba como un vehículo que simplemente debía funcionar. Le exigía energía, movimiento, rendimiento… sin preguntarme qué necesitaba de verdad. A veces me sorprendía con un dolor repentino, una tensión persistente o un cansancio que no se quitaba con dormir. Era su forma de gritarme que algo no estaba bien. No fue de un día para otro, pero empecé a escuchar. Y al escuchar, empecé también a cuidar. No solo desde la nutrición, aunque eso fue una parte importante, sino desde un lugar mucho más profundo: el de habitarme.

Aprendí que cuidar el cuerpo es cuidar la vida. Porque no se trata de tener un cuerpo perfecto, sino de tener un cuerpo presente. Un cuerpo que respira contigo, que camina contigo, que siente contigo. Que se convierte en tu hogar y no en tu enemigo.

Una de las claves de este cambio fue volver a la naturaleza. Cuando me mudé al campo y empecé a vivir más en sintonía con los ciclos del sol, del sueño y de la tierra, sentí por primera vez en años que mi cuerpo podía descansar, respirar, ser. Allí, entre los árboles, con las manos en la tierra, entendí que somos naturaleza.

Y que cuando nos alejamos de ella, nos alejamos también de nosotras mismas. Comencé con clases de Hatha Yoga.

Al principio, era por encontrar una forma de moverme para aliviar el dolor de espalda y de lumbares. El traumatólogo me había comentado que si seguía así con el tiempo estas patologías acabarían en operación y no con menos dolor del que ya tenía, así que busqué empezar a moverme, aparte de andar a diario, que ya lo hacía. También lo hice como parte de mi crecimiento personal, sin grandes pretensiones, solo con la intención de escucharme más, de moverme desde la conciencia. Las posturas, la respiración, el silencio interior… me ofrecieron un espacio sagrado. Ya mi mente, mi cuerpo y mi alma querían cambios, el cuerpo me estaba gritando.

Hoy me doy cuenta de que integrar el yoga y la meditación en mi vida no es una rutina: es una manera de recordarme que estoy viva.

Cuidar el cuerpo no es algo que se hace solo con la mente. Es una danza entre lo que sentimos, lo que pensamos y lo que hacemos. Muchas veces, nuestras emociones se quedan atrapadas en el cuerpo. Se traducen en tensión en los hombros, en opresión en el pecho, en un nudo en el estómago, en un dolor de caderas, en tensión arterial alta, etcétera. Por eso, cuando acompañamos a otras personas, como coach, como terapeuta, como amiga, es fundamental recordar que su proceso no solo ocurre en la mente. También ocurre en el cuerpo.

Hoy te invito a preguntarte:

¿Cómo habitas tu cuerpo?

¿Lo escuchas o solo le exiges?

¿Qué necesita de ti ahora?

El cuerpo tiene memoria, pero también tiene poder de sanación. Cuando lo cuidamos con amor, no solo cambia cómo nos sentimos: cambia también cómo nos tratamos, cómo decidimos y cómo vivimos. Habitar el cuerpo es habitar la vida.

Cuidar el cuerpo desde una **filosofía oriental** no es solo una cuestión de salud física, sino de **armonía entre cuerpo, mente y espíritu**. A diferencia de muchas corrientes occidentales que tratan el cuerpo como una máquina, las filosofías orientales lo consideran un **templo sagrado**, una **extensión del alma** y un **canal de energía vital (Chi, Prana, Ki)**.

Cuidarlo desde una filosofía oriental no se trata solo de técnicas, sino de cambiar tu relación con él: pasar de verlo como un esclavo que debe rendir… a un maestro que te guía.

CHI, PRANA, KI: La energía que nos mueve

No puedes verla, pero puedes sentirla. No puedes tocarla, pero puedes dirigirla. Lo que llamas «vida» no es más que ella fluyendo a través de ti.

Desde tiempos antiguos, las culturas orientales han coincidido en algo fundamental: **el cuerpo está vivo porque una energía invisible lo anima**. Esa energía no es sangre, ni oxígeno, ni electricidad. Es más sutil, más esencial. Es la **energía vital**.

Cada cultura le dio su nombre:
- En China, la llamaron **Chi** (o Qi).
- En India, **Prana**.
- En Japón, **Ki**.

Tres palabras. Tres lenguajes. Una misma fuerza. Y aunque la ciencia moderna aún lucha por encasillarla, su presencia se hace evidente en todo: en la calidez de un abrazo, en el cosquilleo de una meditación profunda, en la fuerza inexplicable que surge en momentos de crisis… **en esa «chispa» que sientes cuando estás verdaderamente vivo**.

¿Qué es esta energía vital?

Imagina que el cuerpo es como una ciudad. Los órganos son los edificios, las venas son las calles… pero lo que verdaderamente le da vida a esa ciudad es la **electricidad que la recorre**. Sin esa corriente, todo se apaga. Así funciona el Chi, el Prana, el Ki: **es la corriente invisible que da vida a todo lo que existe.**

Pero no solo fluye dentro de ti. También te rodea. Está en el aire que respiras, en la luz del sol, en los alimentos vivos, en los bosques, en el mar, en los animales, en las emociones. Somos **canales** de esa energía, no sus dueños. Cuando fluye libremente, sentimos paz, salud, creatividad, conexión. Cuando se bloquea, aparece el cansancio, la ansiedad, el dolor… y finalmente, la enfermedad.

CHI — La sabiduría china

En la medicina tradicional china, el **Chi** es la energía que fluye a través de unos canales llamados **meridianos**. Cuando ese flujo es armónico, hay salud. Cuando se estanca, aparece el desequilibrio.

Las prácticas como el **Tai Chi**, el **Qi Gong** y la **acupuntura** existen para desbloquear, mover y fortalecer el Chi. Pero no se trata solo de técnicas externas. Según la tradición, el Chi también se cultiva con tu **actitud mental**, tu alimentación, tu respiración y tu capacidad de vivir en armonía con la naturaleza.

Un proverbio chino dice: «*Donde va la intención, el Chi le sigue*».

Esto significa que tu mente tiene el poder de dirigir tu energía. Si tu pensamiento está enfocado, tu Chi se vuelve potente. Si tu mente está dispersa, tu energía se desintegra.

PRANA — La fuerza sagrada de la India

En la filosofía del yoga, el **Prana** es la energía que sostiene la vida. No solo anima el cuerpo: **es lo que conecta el alma con la**

materia. Se mueve a través de los **nadis** (canales energéticos) y se almacena en los **chakras**, que funcionan como centros de distribución de esa energía.

Los sabios védicos descubrieron que uno de los grandes secretos del universo es que **la respiración es la vía principal para absorber Prana.** Por eso desarrollaron el **Pranayama**, un conjunto de técnicas para dominar la energía a través de la respiración consciente.

Aquí, el Prana no es solo aire. Es **la inteligencia oculta en cada inhalación.** Cuando respiras profundamente, no solo oxigenas el cuerpo: recargas tu alma. Y cuando el Prana está en equilibrio, el cuerpo se sana, la mente se aquieta y el espíritu se eleva.

KI — El flujo sutil del Japón

Los japoneses adoptaron el concepto del Ki a través del taoísmo chino, pero lo adaptaron a su propia cultura. Para ellos, el **Ki** es la esencia que fluye en todo ser vivo, desde un pez hasta un guerrero.

La práctica más conocida relacionada con el Ki es el **Reiki**, que literalmente significa «energía vital universal». En esta disciplina, se canaliza el Ki a través de las manos para armonizar el cuerpo, la mente y las emociones.

En las artes marciales japonesas, como el **Aikido**, el dominio del Ki no se trata de fuerza física, sino de **alinearse con la energía del oponente** para redirigirla sin violencia.

El principio es simple y profundo:

«No luches contra la energía. Fúndete con ella».

El Ki enseña que **todo conflicto es energía mal dirigida. Toda paz es energía bien alineada.**

Todos hablan de lo mismo

Chi, Prana y Ki no son conceptos místicos separados de la vida diaria. Son formas de hablar de **la misma verdad universal**: que hay una energía viva y vibrante dentro de ti y a tu alrededor, y puedes **cultivarla, dirigirla y expandirla.**

No necesitas ser un maestro para sentirla. Solo necesitas estar **presente**.

- Cuando entras a un lugar y sientes «buena vibra»… es energía.
- Cuando alguien te agota solo con hablar… es energía.
- Cuando meditas y sientes una paz inexplicable… es energía.

Tú eres energía.
Y lo mejor de todo: **puedes aprender a trabajar con ella.**

Una invitación

Este capítulo no es teoría. Es un recordatorio:
La energía vital está esperando que la despiertes.
Que la tomes como aliada.
Que la cultives cada día, como se cultiva un fuego sagrado.
Así que, la próxima vez que respires…
Hazlo con presencia.
Hazlo con intención.
Hazlo sabiendo que, con cada inhalación, estás trayendo vida.
Porque el Chi, el Prana y el Ki…
no están allá afuera.
Están en ti.

MIEDO

Capítulo 5

El miedo

El miedo es una de las emociones más poderosas que podemos experimentar. Su función principal es protegernos: nos avisa de un peligro y nos impulsa a reaccionar. Gracias al miedo, nuestros antepasados sobrevivieron frente a amenazas reales. Sin embargo, en nuestra vida actual, ese mecanismo de defensa a veces se activa incluso cuando no existe un riesgo verdadero, y termina paralizándonos.

He aprendido que el miedo tiene muchas caras. A veces se manifiesta en forma de ansiedad, otras como inseguridad, otras como una sensación difusa que no sabemos explicar. Puede limitarnos en lo cotidiano y también alejarnos de sueños importantes.

En mi propia vida, el miedo ha estado muy presente. Durante años, el miedo a volar me hizo renunciar a viajes que deseaba profundamente. Recuerdo cómo buscaba excusas para no subir a un avión, aunque en mi interior sintiera la frustración de perderme experiencias valiosas.

También conocí el miedo a la enfermedad. Cuando me detectaron por casualidad a través de una analítica, una gammapatía monoclonal autoinmune, toda mi vida se puso en pausa. En ese momento entendí lo frágil que puede ser la existencia y lo importante que es vivir de manera consciente. Ese diagnóstico fue un punto de inflexión: en lugar de hundirme, me llevó a mirar mis miedos de frente y a decidir que no iba a dejar que me paralizaran. Empecé a cumplir sueños que llevaba tiempo guardados en un cajón: hice un viaje en autocaravana, recorrí el Camino de Santiago y, con mucha valentía, enfrenté mi miedo a volar. Hoy puedo decir que lo he vencido, (y de hecho acabo de llegar de un gran viaje, el viaje de mis sueños, de Rishikesh, cuna del yoga en la India) junto a mi equipo de yoga, un sueño que durante años pensé que nunca sería posible.

El miedo puede ser un freno, pero también puede convertirse en un maestro. Nos muestra dónde está nuestra herida, qué parte de nosotras necesita cuidado, qué aprendizaje tenemos pendiente. No se trata de eliminarlo (porque siempre va a estar ahí en algún grado) sino de aprender a convivir con él, escucharlo y transformarlo en impulso. Cuando logramos atravesar un miedo, ganamos confianza. Descubrimos una fuerza interna que no sabíamos que teníamos. Y cada vez que lo conseguimos, se abre un espacio más grande para la libertad y la plenitud.

El miedo seguirá apareciendo, pero ahora lo recibo de otra manera: como una señal que me invita a parar, respirar, observar y elegir conscientemente qué camino tomar.

Ejercicio propuesto: Dialogando con el miedo

1. Elige un miedo que esté presente en tu vida en este momento. Escríbelo en tu libreta.
2. Dale voz: escribe lo que ese miedo te diría si pudiera hablar. Por ejemplo: «tengo miedo de que me rechacen», «tengo miedo de enfermar», «tengo miedo de fallar».
3. Ahora respóndele con compasión, como si hablaras con una niña interior: «entiendo tu miedo, pero estoy aquí con-

tigo», «tengo recursos para afrontar lo que venga», «puedo pedir ayuda si lo necesito».

4. Termina el ejercicio escribiendo una acción concreta que puedes dar, aunque sea pequeña, para avanzar a pesar de ese miedo.

Cada paso que damos frente al miedo es un acto de amor hacia nosotras mismas.

En Oriente, el miedo rara vez se presenta como algo que hay que aplastar. No es una guerra. Es una niebla.

En el pensamiento budista, por ejemplo, el miedo no es más que una construcción mental, una proyección que surge cuando nos aferramos a la idea de control. El miedo no aparece porque haya una amenaza real, sino porque tememos perder aquello que creemos que poseemos: seguridad, salud, personas, ideas, identidades. Y como esas cosas son impermanentes —como todo en la vida— el miedo florece.

Desde esta perspectiva, el miedo no es un error. Es un maestro.

En la tradición taoísta, el miedo es visto como un desequilibrio en el flujo del *qi* (energía vital). Está relacionado con el elemento Agua, el invierno, lo profundo y lo oscuro. No es malo por sí mismo. Es simplemente una señal de que hemos perdido conexión con nuestro centro, con el Tao, con ese fluir natural que no se resiste, no lucha, no se anticipa. El miedo, entonces, es una señal de que estamos forzando algo. Y cuando forzamos, nos rompemos.

Cómo se ve el miedo en Oriente

Mientras que en Occidente el miedo tiende a tener una sola cara (la parálisis, el bloqueo, el terror), en Oriente se le da una forma más compleja, casi artística. En el budismo zen, por ejemplo, el miedo puede aparecer como una distracción sutil, una voz suave que susurra: «Y si no lo logras…», «Y si te rechazan…», «Y si no eres suficiente…». No grita. No embiste. Susurra. Y eso lo hace más peligroso si no estás presente.

En los monasterios zen, se enseña que el miedo aparece más intensamente justo antes de una iluminación. Cuando estás a punto de cruzar un umbral importante, la mente se defiende, crea fantasmas. Y uno de esos fantasmas siempre es el miedo.

En las artes marciales tradicionales, como el Aikido o el Kung Fu, el miedo no se entrena para ser eliminado, sino para ser transformado. El maestro no te dice: «no tengas miedo»; te dice: «utiliza el miedo». Es energía. Es impulso. Si lo rechazas, te bloqueas. Si lo abrazas, fluyes.

Cómo se afronta: aceptación radical y observación consciente

Una de las enseñanzas más poderosas del Buda es que «el dolor es inevitable, pero el sufrimiento es opcional». El miedo, desde esa óptica, no se suprime. Se observa.

La meditación —esa práctica tan simple y a la vez tan radical— se convierte en la herramienta esencial para enfrentar el miedo. No porque lo elimine, sino porque te muestra su raíz. Cuando meditas y sientes miedo, no lo evitas. No lo etiquetas como «malo». Te sientas con él. Le das espacio. Y poco a poco, como una niebla que se disipa al amanecer, el miedo empieza a perder forma.

En el *zazen* (meditación sentada zen), se enseña a mirar el miedo como si fuera una nube que pasa. No eres esa nube. Tú eres el cielo. El miedo puede cubrirte por un rato, pero nunca puede tocar tu esencia.

Otra forma de enfrentarlo en las filosofías orientales es la *acción consciente,* o Wu Wei en el taoísmo: actuar sin forzar, fluir sin resistencias. Si tienes miedo, camina con él. Si tiembla tu voz, habla igual. Si duele el corazón, respira hondo y da un paso más. No se trata de valentía heroica. Se trata de naturalidad. De humildad.

El gancho hacia ti, lector

Quizás tú también has sentido ese miedo que no sabes nombrar.

Esa inquietud en el pecho al despertar. Esa sensación de que algo va mal, aunque todo esté en orden.

No estás solo.

En Oriente no se pide eliminar el miedo. Se invita a hacer las paces con él. A sentarte con él como quien se sienta con un viejo amigo que trae malas noticias, pero con ternura. Porque el miedo solo te avisa de que estás vivo. Y vivir implica cambio. Y todo cambio asusta, incluso el bueno.

Este libro no tiene todas las respuestas. Pero sí tiene un propósito claro: ayudarte a mirar el miedo con otros ojos, a empezar a verlo como un mensajero. Un guardián.

Porque al otro lado del miedo… no hay vacío. Hay libertad.

LA IMPORTANCIA DE LA COMIDA EN NUESTRAS VIDAS

Capítulo 6

La importancia de la comida

en nuestras vidas

Y es que comer bien no debería ser una meta forzada, sino un acto cotidiano de amor propio. Una práctica sencilla, poderosa, profundamente transformadora.

Pero para que esa práctica sea realmente efectiva, necesitamos revisar también el entorno en el que comemos. Hoy en día, uno de los mayores obstáculos para estar presentes es la cantidad de estímulos que nos rodean constantemente. Comer con el móvil en la mano, mirando una pantalla, recibiendo notificaciones, contestando mensajes o escuchando noticias que generan angustia... todo eso rompe el vínculo con el acto de alimentarnos.

Nuestra atención se fragmenta. Nuestro cuerpo come, pero nuestra mente está lejos. Y eso tiene consecuencias: digestiones más pesadas, falta de saciedad, una mayor desconexión emocional y física.

Dejar a un lado el móvil durante las comidas y apagar la televisión, especialmente si está llena de malas noticias, conflictos o ruido de fondo, puede parecer un detalle sin importancia, pero tiene un gran impacto. Es una forma de decirle al cuerpo y al momento presente:

«Estoy aquí, contigo».

Con el ritmo de vida actual, especialmente en Occidente, comer se ha vuelto una acción automática, acelerada, muchas veces inconsciente. Mientras tanto, en Oriente, comer sigue siendo —o al menos se intenta mantener así— un acto sagrado.

Comer en Oriente: un ritual, no una rutina

En muchas culturas orientales, la comida no se trata solo de sabor o nutrición. Se trata de energía, de equilibrio, de gratitud. En la medicina tradicional china, por ejemplo, cada alimento tiene una «energía» específica: yin o yang, caliente o frío, expansiva o contractiva. Comer no solo nutre el cuerpo, sino que regula las emociones, el estado mental y hasta el destino.

En Japón, el concepto de *Ichiju Sansai* (una sopa y tres platos) enseña equilibrio. No solo por proporciones físicas, sino por armonía energética. Comer con moderación, saboreando cada bocado, en silencio o con plena presencia, es una forma de meditación activa.

En los monasterios budistas, antes de cada comida, se recita una oración:

«Este alimento es el regalo del universo: de la tierra, del cielo, del trabajo humano y del tiempo. Que lo tomemos con gratitud y lo transformemos en compasión».

Cada bocado es una oportunidad de despertar.

Occidente: comida como consumo, no como conexión

Occidente tiende a ver la comida en términos de calorías, proteínas, macros, dietas y tendencias. Hay una obsesión por lo «saludable», pero desconectada de lo esencial. Se cuentan calorías, pero no bendiciones.

Mientras Oriente pregunta: ¿cómo te hace sentir esta comida?, Occidente pregunta: ¿cuántas calorías tiene?

El alimento como energía espiritual

En Oriente, se considera que lo que comes afecta directamente tu mente y tu alma. No se trata solo de digestión, sino de vibración. Alimentos muy procesados, por ejemplo, son vistos como alimentos «muertos»: no tienen *qi* (energía vital). En cambio, frutas frescas, vegetales, arroz, sopas hechas con calma, son alimentos «vivos» que te conectan con la tierra y el momento presente.

El Ayurveda en la India enseña que comer debe hacerse sin prisa, en silencio, o con música suave. Nunca discutiendo, nunca con ansiedad. Porque el estado emocional al comer se convierte en parte del alimento.

¿Has notado que cuando comes con prisa o enojo, tu estómago se cierra?

No es casualidad. El cuerpo no solo digiere comida, digiere emociones.

¿Y si comer fuera un acto espiritual?

Imagina que cada comida fuera un momento de reconexión contigo mismo. Que, en vez de revisar el móvil, cerraras los ojos un momento. Que sintieras gratitud por las manos que cultivaron esa fruta, por el agua que la hizo crecer, por la tierra que la sostuvo.

Esa forma de comer no es romántica ni antigua. Es urgente.

Porque vivimos en un mundo donde el hambre no solo es física, sino espiritual. Hay quienes comen cinco veces al día y aún sienten un vacío. Y hay quienes, con una taza de arroz, se sienten llenos de paz.

La diferencia está en cómo se come, no solo en qué se come.

Una invitación: volver a comer con alma

Este libro no es un recetario. Es un recordatorio.

Una invitación a reconectar con lo esencial.

Tal vez hoy, solo por hoy, puedas preparar tu comida con más presencia. Sentarte, aunque sea por unos minutos, sin distracciones. Masticar lentamente. Sentir los sabores. Agradecer.

Porque cada comida es una oportunidad de sanarte.

No solo el cuerpo. También el alma.

«Come como si el alimento fuera medicina. Vive como si cada día fuera *sagrado*» (sabiduría oriental).

Ejercicio propuesto: Comer en presencia

Durante una semana, elige al menos una comida al día para hacerla en completo silencio y sin distracciones tecnológicas. Sin televisión. Sin móvil. Solo tú, tu plato y el momento. Antes de empezar, respira profundamente. Mira los colores de la comida, siente su aroma. Mastica despacio. Observa cómo te sientes. Al terminar, pregúntate:

¿Cómo ha sido la experiencia?

¿Has notado diferencias en tu digestión, saciedad o estado de ánimo?

¿Qué parte te ha costado más?

¿Qué parte te ha gustado?

Puedes llevar un pequeño diario de observación durante esos días. No se trata de juzgarte, sino de reconectar con un gesto cotidiano desde otro lugar.

Tal vez descubras que el verdadero cambio empieza por cosas tan simples como volver a estar presente mientras comes. Que el silencio también nutre. Que desconectar del ruido externo es una forma de volver a ti.

SILENCIO INTERIOR

Capítulo 7

El silencio interior: donde todo comienza

«No busques la paz. Solo quédate quieto. Y el silencio te mostrará que ya estaba allí».

Proverbio zen

Vivimos en una sociedad en la que el ruido se ha vuelto costumbre.

Ruido de móviles que suenan constantemente, notificaciones que nos interrumpen, la televisión encendida con noticias que la mayoría de las veces transmiten miedo o negatividad, conversaciones rápidas y superficiales que apenas nos dejan espacio para respirar.

Este ruido externo se traduce también en un ruido interno: pensamientos desordenados, preocupaciones que saltan de un tema a otro, incapacidad de concentrarnos en lo que tenemos delante. Así, nos cuesta cada vez más conectar con nuestra voz interior y con la calma que existe en lo profundo de nosotros.

El silencio no es vacío, es plenitud. En el silencio se abre un espacio donde podemos escucharnos, atender lo que sentimos y encontrar claridad. Es ahí donde empieza la vida consciente: no reaccionando de manera automática a los estímulos, sino eligiendo cómo queremos vivir cada momento.

Descubrí que dedicarme unos minutos diarios a la meditación, al yoga o simplemente a estar en silencio me ayudó a ordenar mi mente y a sentirme más presente. Vivir en contacto con la naturaleza me mostró que la calma no depende de lo que tengo, sino de cómo me relaciono con cada instante.

Oriente entendió hace siglos lo que Occidente apenas empieza a intuir: **el verdadero descanso no está en dormir, sino en silenciar la mente.**

El silencio en Oriente: presencia, no ausencia

En las tradiciones orientales, el silencio no se entiende como una ausencia de sonido. No es el «nada». Es un espacio vivo. Un lugar sagrado.

En el budismo zen, por ejemplo, se dice que el silencio es la enseñanza más alta. Los grandes maestros, cuando se les hacía una pregunta profunda, a menudo no respondían con palabras. Solo miraban. O sonreían. O guardaban silencio.

No porque no tuvieran una respuesta, sino porque sabían que la verdad no se transmite con frases, sino con presencia.

En el taoísmo, el Tao —ese principio universal, invisible e inmutable— no puede ser explicado. Solo sentido. Y solo puede sentirse en el silencio interior.

Lao Tsé escribió: «El que sabe no habla. El que habla no sabe».

No es un rechazo al lenguaje. Es una invitación a ir más allá de él.

El silencio como camino de retorno

Cuando cierras los ojos y simplemente respiras, algo comienza a cambiar. No de inmediato. A veces incluso el silencio duele al principio, porque empieza a mostrarte todo lo que has estado evitando: emociones atrapadas, recuerdos olvidados, verdades incómodas.

Pero si te quedas. Si aguantas ese primer muro. Si no sales corriendo en busca de distracción… algo empieza a abrirse.

El silencio no es vacío. Es espejo.

En la práctica del *zazen* (meditación zen sentada), se enseña a no buscar nada. Solo sentarse. Respirar. Estar. Sin intención. Sin deseo. Y en esa no—búsqueda, poco a poco, aparece una presencia interior que no grita, no pide, no exige. Solo es.

Ese estado de pura conciencia no se puede describir con exactitud. Pero quienes lo tocan, aunque sea por un instante, ya no son los mismos.

La diferencia con Occidente

Mientras Oriente busca el silencio como vía hacia el ser, Occidente muchas veces lo teme.

En las culturas occidentales, el silencio se asocia con vacío, incomodidad o incluso fracaso: «¿Por qué no me responde?», «¿Por qué no dice nada?», «¿Está todo bien?». Es como si solo existiéramos cuando hablamos o producimos.

Pero en Oriente, el silencio es una señal de madurez espiritual. No es pasividad. Es profundidad.

Donde Occidente corre hacia afuera, Oriente se sienta hacia adentro.

Donde Occidente llena el vacío con información, Oriente vacía el exceso para escuchar lo esencial.

Silencio no es aislamiento

Es importante aclararlo: buscar el silencio interior no significa vivir apartado del mundo. No es aislarse, ni callar para siempre. Es simplemente aprender a vivir desde otro lugar.

Puedes estar rodeado de personas y conservar el silencio interior.

Puedes trabajar, amar, crear, decidir… pero desde una mente despejada.

Una mente que no reacciona por impulso, sino que responde desde la calma.

El silencio interior es como un lago en calma. Si lanzas una piedra, ves claramente dónde cae. Si está agitado, no ves nada. Así es la mente. Solo en silencio puedes ver con claridad.

Una práctica para hoy

Te propongo algo simple, pero poderoso.

Hoy, busca cinco minutos. Solo cinco.

Siéntate. Apaga todo. Respira profundamente.

No trates de «meditar bien». Solo escucha. Escucha los sonidos alrededor, pero no te aferres a ellos. Escucha tu respiración. Siente tu cuerpo. Y cuando surjan pensamientos (porque surgirán), obsérvalos sin luchar. Déjalos pasar como nubes.

Cinco minutos. Nada más. Si haces esto cada día, algo comenzará a cambiar. No afuera. Dentro.

El silencio se volverá un refugio. Un hogar.

Y cuando el mundo te sacuda, ya no perderás el centro tan fácilmente.

Porque lo habrás encontrado dentro de ti.

«No busques al silencio. Solo quita el ruido. Y el silencio vendrá solo» (enseñanza zen anónima).

Este libro no está hecho para llenarte de información, sino para devolverte a ti mismo. Y no hay regreso más profundo que el del silencio. Si logras quedarte contigo sin huir, sin distraerte, sin juzgarte… entonces ya estás caminando el camino de los sabios. Porque en el silencio interior no solo encontramos paz, encontramos dirección, y en un mundo lleno de ruido, eso es un acto revolucionario.

ELEVAR TU VIBRACIÓN

Capítulo 8

Cómo elevar tu vibración

Durante años escuché hablar de «elevar la vibración» como si fuese algo místico, casi inalcanzable, reservado para personas muy espirituales. Sin embargo, la vida me enseñó que la vibración no es otra cosa que la energía con la que transitamos nuestro día. Todo vibra: los lugares, las personas, los pensamientos, incluso los recuerdos. Y esa vibración se nota.

Lo comprendí mejor cuando me mudé al campo. Allí, rodeada de silencio y naturaleza, empecé a observar cómo mi energía cambiaba según lo que hacía o pensaba. El simple hecho de abrir la ventana por la mañana y escuchar el canto del gallo, el murmullo de los árboles o el revoloteo de los pájaros me llenaba de calma. Era como si la tierra me recordara que, más allá de mis preocupaciones, siempre hay una vibración más alta disponible, esperando a que me sintonice con ella.

En mi parcela, entre los naranjos y el pequeño huerto, descubrí que trabajar la tierra también eleva. Sentir el contacto con la tierra húmeda en las manos, ver crecer una planta desde la semilla, recoger los primeros tomates o naranjas de la temporada… cada uno de esos gestos se convirtió en un acto sagrado. La naturaleza no juzga, no se apresura, no se lamenta. Simplemente fluye. Y aprender a acompañar ese ritmo me ayudó a comprender que mi vibración también podía elevarse si me dejaba llevar por esa sencillez.

La práctica de yoga fue otro pilar en este camino. Desde antes de la pandemia, el yoga se convirtió en un refugio, y con el tiempo en un hábito transformador. Al principio lo vivía como un ejercicio físico, pero poco a poco fui descubriendo que era mucho más. En cada postura, en cada respiración consciente, sentía cómo mi cuerpo y mi mente se alineaban. El yoga me enseñó que elevar la vibración no siempre significa hacer grandes cosas, sino estar presente en lo pequeño: en cómo inhalo, en cómo me muevo, en cómo escucho lo que mi cuerpo necesita.

Lo mismo me pasó con la meditación. No siempre es fácil sentarse en silencio, pero con la práctica diaria empecé a notar la diferencia. Al principio mi mente iba y venía sin parar, pero con el tiempo aprendí a observarla sin engancharme. Ese espacio de calma interior, aunque fuese breve, se convirtió en una fuente de claridad. Y en esos momentos entendí que elevar mi vibración significa volver a mí, recordarme que la paz no depende de lo que ocurre fuera, sino de cómo lo vivo dentro.

También aprendí a observar qué cosas bajaban mi vibración. Lo notaba en el cuerpo: conversaciones cargadas de quejas, ambientes tensos, noticias que solo generaban miedo… Todo eso me dejaba agotada.

En cambio, cuando me rodeaba de personas que inspiran, de música que alegra el alma, de lecturas que nutren o de paisajes que invitan a respirar, sentía cómo mi energía se expandía. Fue un descubrimiento clave: la vibración también es contagiosa, y está en mis manos elegir de qué quiero rodearme.

Elevar la vibración no significa negar lo difícil. Yo también he tenido momentos de miedo, de tristeza o de incertidumbre. Lo que cambió fue la forma de habitarlos. Ahora sé que puedo sentir esas emociones sin quedarme atrapada en ellas. Puedo llorar, puedo enfadarme, pero después busco volver a la naturaleza, a la respiración, a un gesto amable conmigo misma. Y ahí, poco a poco, la energía vuelve a elevarse.

Hoy elevar mi vibración es una práctica diaria. No es algo mágico ni inmediato, sino una forma de vivir: caminar descalza por la tierra, meditar unos minutos cada mañana, preparar con calma los alimentos que me da el huerto, practicar yoga, agradecer lo sencillo… Cada uno de esos gestos es un recordatorio de que estoy conectada, de que soy parte de algo más grande.

Y lo más hermoso es notar cómo, cuando mi vibración sube, no solo yo lo siento: también lo perciben las personas que me rodean. Porque cuando una se eleva, de alguna manera, todo se eleva con ella.

La visión hindú: vibración como despertar del ser

En la tradición hindú, todo en el universo es Shakti: energía divina. Elevar la vibración es acercarse a la fuente, al *Brahman*, al Todo.

Los sabios védicos enseñaron que tu vibración depende de tres cualidades llamadas **gunas**:

- **Tamas**: oscuridad, inercia, pesadez. (vibración baja)
- **Rajas**: movimiento, deseo, agitación. (vibración intermedia)
- **Sattva**: claridad, pureza, armonía. (vibración alta)

La meta es vivir cada vez más desde Sattva, sin rechazar lo demás, pero sin quedarte atrapado en lo denso.

¿Cómo se hace esto? No con teorías, sino con práctica.

Para los hindúes, elevar la vibración es una disciplina espiritual diaria:

- **Mantras**: el sonido es energía. Repetir «Om», «So Ham» o el Gayatri *Mantra* cambia tu campo vibracional. Las palabras no son símbolos vacíos, son puertas.

- **Pranayama**: controlar la respiración es controlar la energía. Cuando respiras lento y consciente, elevas tu frecuencia.
- **Satsang**: rodearte de personas sabias, de conversaciones elevadas, de lecturas sagradas. Lo que consumes, te transforma.
- **Ahimsa**: no violencia. Ni contra otros, ni contra ti mismo. Cada acto de compasión eleva tu alma.

Pero lo más importante: **la intención pura**. En el hinduismo, no importa si haces mucho. Importa desde dónde lo haces. Un gesto con amor tiene más poder que mil rituales vacíos.

La mirada japonesa: vibrar con lo esencial

En la tradición japonesa, la vibración no se explica con palabras. Se siente. Se transmite. Se honra en lo pequeño. Porque para los japoneses, **elevar la vibración es vivir con belleza, respeto y presencia.**

Todo lo que haces vibra. Tu forma de hablar, de servir el té, de caminar por el jardín. Por eso existen conceptos como:

Ikigai: vivir con propósito. Hacer aquello que te da sentido, lo que enciende tu alma. Cuando vives desde tu propósito, tu energía sube.

Wabi-Sabi: encontrar belleza en lo imperfecto, lo sencillo, lo efímero. Vibrar alto no es alcanzar la perfección, sino abrazar lo que es, con gratitud.

Ma: el espacio entre las cosas. No llenar todo, no apurar todo. Permitir que el silencio, el vacío, la pausa… hablen.

También en prácticas como el **reiki**, originado en Japón, se enseña que nuestras manos pueden canalizar energía divina. No necesitas ser un maestro para hacerlo. Solo necesitas intención amorosa y presencia real.

Los japoneses elevan su vibración cultivando armonía con su entorno. Por eso cuidan los jardines, el orden del hogar, la forma de saludar, la ceremonia del té. Porque saben que cada acción vibra, y cada gesto es una oración silenciosa.

Dos caminos, un mismo destino

Hindúes y japoneses usan lenguajes distintos, pero el corazón es el mismo: **elevar la vibración es vivir desde el alma.**

Uno lo hace cantando mantras, meditando con dioses, respirando en lo eterno.

El otro lo hace barriendo el suelo con atención, preparando una taza de té como si fuera oro, inclinando la cabeza con humildad.

Ambos nos enseñan que vibrar alto no es escapar del mundo.

Es estar **tan presentes**, tan conscientes, tan conectados con lo real… que todo lo que haces, piensas y sientes se vuelve sagrado.

¿Cómo puedes comenzar tú?

Empieza con cosas pequeñas, pero profundas:
- Respira antes de reaccionar.
- Agradece antes de comer.
- Escucha mantras mientras limpias la casa.
- Ordena tu espacio como si fuera un templo.
- Di menos, siente más.
- Ama más, aunque duela.
- Perdona, aunque no te pidan perdón.

No necesitas convertirte en monje ni ir a la India o a Kioto.

Solo necesitas tomar conciencia de **quién estás siendo en este momento.**

Porque en cada instante, estás creando tu vibración. Y esa vibración atrae, conecta, transforma.

Una invitación para el alma

Este libro no pretende darte reglas, sino despertarte memorias.

Tú ya sabes cómo elevar tu vibración. Lo has sentido en momentos de verdad, de belleza, de silencio, de amor.

Solo hay que volver a eso.

Volver al centro.

Volver a ti.

Porque al final, elevar tu vibración no es «subir» hacia ninguna parte. Es **descender al corazón**. Y desde ahí, todo cambia.

VIVIR SIN ESTRÉS

Capítulo 9

Vivir sin estrés

El estrés se ha convertido en un compañero silencioso en la vida de muchas personas. A veces no se nota a primera vista: se disfraza de prisa, de cansancio, de pensamientos repetitivos, de mal humor, de esa sensación de estar siempre «a medio gas». Sin embargo, el estrés no es solo una molestia pasajera; es una forma de desconexión de uno mismo. Vivir sin estrés no significa vivir sin retos ni responsabilidades, sino aprender a cultivar un estado interior tan fuerte y tan consciente que las circunstancias externas ya no decidan por ti. Este mismo estrés que te sube el cortisol y se vuelve un ciclo vicioso, este ocurre cuando el estrés crónico eleva los niveles de cortisol, la hormona del estrés, pero a su vez el exceso de cortisol empeora la gestión emocional y la reacción ante el estrés, generando un estado de hiperactivación constante. Como todos sabemos esto puede llevar aumento de la ansiedad, problemas de sueño, cambios en el metabolismo y un largo etcétera que no vamos a seguir.

A continuación, vamos a recorrer varios caminos para liberarnos del estrés desde dentro, transformando la manera en que vivimos, sentimos y reaccionamos ante el mundo.

1. Cultiva la pasión hacia ti mismo

Muchas personas buscan la pasión en trabajos, relaciones o proyectos, olvidando que la verdadera raíz de la pasión está en cómo nos tratamos a nosotros mismos. Cuando cultivas admiración, respeto y ternura hacia tu propia persona, cualquier situación se vuelve más ligera.

Ejemplo: imagina que cada día alguien te hablara como tú te hablas interiormente. ¿Te sentirías motivado o hundido? Si la respuesta no es la primera, es momento de revisar el diálogo interior.

Ejercicio: escribe durante una semana una carta diaria a ti mismo, como si fueras tu mejor amigo.

Felicítate por lo que haces, por tu esfuerzo, por tu valor. Este simple hábito enciende la pasión de estar contigo, y el estrés disminuye porque ya no eres tu peor crítico, sino tu mayor aliado.

«Amarse a uno mismo es el comienzo de un romance para toda la vida» (Oscar Wilde).

2. Integra la atención plena en la vida cotidiana

El *mindfulness* no es sentarse en silencio durante horas; es aprender a estar totalmente presente en lo que hacemos. El estrés surge cuando la mente vive en otro sitio distinto al cuerpo: o está en el pasado o está en un futuro imaginado.

Ejemplo: al comer, ¿piensas en los correos pendientes o saboreas la comida? Ese pequeño detalle marca la diferencia entre vivir en piloto automático o habitar tu propia vida.

Ejercicio: elige una actividad diaria (ducharte, cocinar, caminar). Hazla como si fuera un ritual sagrado: siente los sonidos, los aromas, las texturas. Si tu mente se dispersa, vuelve al presente. Descubrirás que el estrés se disuelve cuando estás donde tu vida ocurre: en el ahora.

«La atención plena es la energía que nos permite reconocer las condiciones de la felicidad que ya están presentes en nuestra vida» (Thich Nhat Hanh).

3. Libérate del estrés desde dentro

El estrés no siempre se resuelve cambiando el exterior, la verdadera liberación llega al transformar cómo lo interpretamos. Lo que pesa no es la carga, sino la manera en que la llevamos.

Ejemplo: dos personas pueden vivir la misma situación, como un retraso en el trabajo, y reaccionar de manera opuesta: una con ira y otra con calma. La diferencia no está en el hecho, sino en el mundo interior de cada una. Cada una de ellas lo ve de distinto modo.

Ejercicio: la próxima vez que sientas estrés, haz esta práctica en tres pasos:

1. Nombra la emoción (ej. «estoy frustrado»).
2. Respira profundamente tres veces llevando aire al abdomen.
3. Pregúntate: «¿Qué puedo hacer ahora mismo que esté en mis manos, y qué puedo soltar?»

Esto activa tu mente consciente y cambia la química de tu cuerpo.

«No es lo que nos sucede lo que nos afecta, sino lo que decimos sobre lo que sucede» (Epicteto).

4. Transforma tu manera de reaccionar

El estrés muchas veces no viene de la situación en sí, sino de la reacción automática que tenemos. Cuando reaccionamos de inmediato, sin pausa, dejamos que el estrés nos domine. La clave está en introducir un espacio de libertad entre lo que ocurre y nuestra respuesta.

Ejemplo: alguien te habla mal. Tu reacción habitual podría ser responder con la misma energía, pero si respiras y observas, puedes elegir actuar desde la calma, no desde el impulso.

Ejercicio: cada vez que algo te altere, haz una pausa de tres segundos antes de responder. Esos tres segundos son el puente entre el estrés y la serenidad. Con la práctica, tu vida entera cambia.

«Entre el estímulo y la respuesta hay un espacio. En ese espacio reside nuestra libertad y nuestro poder para elegir» (Viktor Frankl).

Vivir sin estrés no es una utopía, es una decisión diaria. El secreto está en girar la mirada hacia dentro, cultivar amor propio, vivir con presencia y responder en lugar de reaccionar. No se trata de eliminar todas las dificultades de la vida, sino de convertirte en un ser tan consciente que nada ni nadie pueda robarte la paz interior.

Cómo gestionan el estrés los orientales: Japón, India y la sabiduría budista

¿Te has preguntado alguna vez cómo hacen en Oriente para lidiar con el estrés sin parecer que están al borde del colapso cada lunes por la mañana?

Nosotros vamos corriendo de un lado a otro con el móvil en la mano, el café en la otra, intentando mantener el equilibrio entre el trabajo, la familia, los correos electrónicos sin leer y esa sensación constante de que vamos tarde… a todo.

Pero en Oriente, al menos en ciertas culturas, la película es diferente. No es que no tengan estrés. Lo tienen. Vaya si lo tienen. Pero lo enfrentan con otro enfoque. Con otra filosofía. Vamos a mirar de cerca dos ejemplos que te van a sorprender: **Japón** y **la India**, con un toque muy necesario de **sabiduría budista**.

Japón: estrés sí, pero con ritual y propósito

Japón no es precisamente un lugar relajado. Trabajan muchas horas, los trenes van llenos, y el concepto de «vacaciones» es un poco… limitado. Pero entonces, ¿cómo lo hacen? ¿Por qué no estallan?

Porque los japoneses no entienden el estrés como algo que hay que «combatir», sino como una parte más de la vida que se puede **canalizar**.

Y ahí entra un concepto precioso: el **Ikigai**. Esa palabrita que, traducida más o menos, significa «razón de ser» o «razón de vivir» refiriéndose a aquello que da sentido a tu vida y motiva a una persona a levantarse cada mañana. Es lo que te levanta por la mañana con una pequeña sonrisa. No tiene que ser algo grandioso; puede ser cuidar a tus hijos, hacer pan, pintar, enseñar… Lo que sea que te conecte contigo mismo.

Tener un propósito claro baja el ruido mental. Cuando sabes para qué haces lo que haces, el estrés no desaparece, pero se convierte en energía.

Además, la cultura japonesa está llena de rituales que ayudan a volver al presente: la ceremonia del té (*Chanoyu*), el arte del arreglo floral (*Ikebana*), el silencio compartido, incluso el cuidado meticuloso del entorno. Son pequeñas pausas que nos recuerdan que no todo es urgencia.

India: la cuna del equilibrio interior

Si Japón pone el foco en el propósito, **India lo pone en la conexión interna**. Y no hablo solo de yoga y meditación, aunque por supuesto son parte del combo. Hablo de una mirada hacia adentro que está presente en su vida diaria.

La India nos recuerda que el estrés no se arregla desde fuera. No se resuelve cambiando de trabajo o haciendo listas más eficientes. **Se calma cuando uno se calma por dentro.**

¿Y cómo se hace eso? Bueno, aquí es donde la tradición india nos habla de **prácticas milenarias** como:

- **Respirar conscientemente** (*pranayama*): algo tan simple como inhalar y exhalar de manera lenta y profunda. No necesitas incienso ni una esterilla. Solo parar y respirar.
- **Meditación**: no para dejar la mente en blanco (imposible), sino para observarla sin pelearte con ella.
- **Ayurveda**: un enfoque de vida que entiende que cuerpo y mente están conectados, y que lo que comes, cómo duermes y cómo piensas forma parte del mismo puzle.

Aquí el mensaje es claro: **no puedes controlar todo, pero sí puedes cuidar tu energía.** Y eso, créeme, cambia todo.

Budismo: soltar lo que pesa

Y no podemos hablar de Oriente sin mencionar la visión budista del estrés. Porque si hay una enseñanza que todos deberíamos tatuarnos es esta:

«El sufrimiento viene de resistir lo que es».

El budismo no te promete eliminar el estrés. Te dice: «Oye, esto pasa. Es parte de la vida. Pero no te aferres. No luches contra la corriente todo el tiempo».

La práctica de la atención plena (o *mindfulness*, para los más modernos) es puro oro en este sentido.

No necesitas estar una hora meditando. Basta con que te detengas cinco minutos a sentir cómo estás, a escuchar lo que necesitas, a observar sin juicio.

Aceptar no es rendirse. Es dejar de pelear con lo inevitable para tener energía para lo importante.

¿Y si traemos un poco de Oriente a nuestro día a día?

No necesitas mudarte a Japón, ni convertirte en monje. Basta con que tomes prestadas algunas de estas ideas y las adaptes a tu forma de vivir:

- Redescubre tu propósito. ¿Para qué haces lo que haces?
- Respira. De verdad. Cierra los ojos y respira.
- Suelta el control un rato. No todo depende de ti.
- Encuentra tus pequeños rituales diarios. Esos momentos que te devuelven a ti.
- Y recuerda: **el estrés no se elimina, se gestiona desde la consciencia.**

Porque al final, el secreto oriental no está en hacer menos... sino en hacer desde otro lugar.

Capítulo 10

Vampiros emocionales o personas víricas:

cómo reconocerlos y poner límites

Hay personas que, sin proponérselo o de manera consciente, drenan nuestra energía vital. Son los llamados «vampiros emocionales»: individuos que, tras interactuar con ellos, nos dejan agotados, desmotivados o confundidos. No siempre actúan con mala intención; a veces simplemente viven atrapados en su propio dolor y lo proyectan hacia los demás. Pero, independientemente de la causa, su efecto en nosotros es claro: nos desgastan.

Psiquiatra y escritora Judith Orloff, pionera en el estudio de la sensibilidad y la gestión de la energía, escribió:

«El secreto para conservar tu energía es establecer límites claros con las personas que intentan drenarla».

Esta idea es clave: no se trata de cambiar al otro, sino de proteger nuestro espacio interno.

1. Reconocer a los vampiros emocionales

El primer paso es identificar cómo te sientes después de interactuar con alguien. Pregúntate:

¿Me siento más ligero o más pesado tras hablar con esta persona?

¿Salgo fortalecido o debilitado?

¿Estoy siendo escuchado o solo utilizado como un contenedor emocional?

Los vampiros emocionales suelen tener patrones:

Se quejan constantemente.

Buscan atención sin reciprocidad.

Restan importancia a tus logros.

Te hacen sentir culpable si pones límites.

Ejemplo real: Una amiga que siempre te llama solo para contarte sus problemas, pero nunca te escucha cuando intentas compartir los tuyos.

Ejercicio práctico: Lleva un pequeño diario de relaciones durante una semana. Anota con quién interactúas y cómo te sientes después. Así empezarás a reconocer quién te nutre y quién te drena.

2. Rodearte de personas que te eleven

Albert J. Bernstein decía: «**El entorno es más fuerte que la voluntad**».

Si pasamos demasiado tiempo con personas que nos desmotivan, nuestro nivel de energía y creatividad disminuye. Por eso es vital rodearnos de aquellos que nos inspiran, nos apoyan y nos motivan.

Ojo: esto no significa rodearte de quienes te dan la razón siempre. El verdadero apoyo viene de quienes te animan a crecer, incluso señalando tus áreas de mejora, pero desde el amor y no desde la crítica destructiva.

Ejemplo: Piensa en un maestro, un amigo o un compañero que, al hablar contigo, siempre te deja con nuevas ideas, fuerza y claridad. Esa es la energía que debemos buscar.

Ejercicio práctico:

- Haz una lista de tus «aliados energéticos».
- Piensa en las personas con las que tu vibración sube y decide pasar más tiempo con ellas.

Como dice la canción **«busca tu persona vitamina»** de Álvaro García. Ahora mismo estoy escuchándola lalalalalala… «qué bueno que llegaste a mi vida… tú eres mi persona vitamina lalalala». Para en este instante y búscala en YouTube Music o Spotify, te llenará de energía. ¡Ya me cuentas!

3. Aprender a poner límites sin culpa

Poner límites no significa ser egoísta ni rechazar al otro. Significa respetarte a ti mismo. Judith Orloff insiste en que «decir no» es un acto de autocuidado esencial.

Ejemplo: Si un familiar te exige constantemente favores que te dejan agotada, puedes responder:

«Te entiendo y quiero ayudarte, pero en este momento no puedo. Necesito descansar».

Lo importante es comunicarte con claridad, sin justificarte en exceso y sin sentir culpa.

Ejercicio práctico: Frente al espejo, practica frases cortas de límites:

«No puedo en este momento».

«Lo siento, pero no me viene bien».

«Gracias por pensar en mí, pero no».

Al repetirlas, tu cerebro se acostumbra y pierdes el miedo a usarlas en la vida real.

4. Proteger tu campo energético

La energía no es algo abstracto: se siente, se percibe y se puede cuidar.

Muchas tradiciones, desde el yoga hasta la psicología moderna, hablan de la importancia de un campo vital que nos envuelve.

Técnicas de protección

Visualización: Imagina una burbuja de luz dorada rodeándote cuando estés con alguien que suele drenarte.

Respiración consciente: Antes de una interacción difícil, haz tres respiraciones profundas para centrarte en ti.

Contacto con la naturaleza: Caminar descalza sobre la tierra o abrazar un árbol son formas simples y poderosas de recargar energía.

5. Elegir conscientemente a quién damos nuestra energía

Aquí entra la reflexión final: no todos merecen acceso ilimitado a tu energía. Debemos decidir, con conciencia, a quién le entregamos nuestro tiempo, atención y escucha.

Ejercicio de cierre

Cierra los ojos y repite:

«Mi energía es valiosa. Elijo entregarla solo a quienes la honran y la cuidan».

Este capítulo te invita a tomar conciencia de que tu energía es tu recurso más valioso. No se trata de luchar contra los vampiros emocionales, sino de aprender a proteger tu luz, fortalecer tu campo vital y rodearte de quienes te hacen crecer.

El budismo, por su parte, enseña el noble arte de la *ecuanimidad*. Frente al manipulador emocional, al que critica sin cesar o al que se queja eternamente, el practicante budista observa, respira, y elige no entrar en el juego de la reacción. No es frialdad, es consciencia. En lugar de alimentar el ciclo de drama, simplemente se convierte en un espejo sereno donde el otro, si está dispuesto, puede llegar a ver su propio reflejo.

Desde esta perspectiva, no se habla de cortar lazos con rabia o cerrar el corazón, sino de cultivar una energía tan estable y fuerte que el desgaste no tenga cabida. El límite se pone desde el respeto, no desde la culpa. El distanciamiento no nace del rechazo, sino del cuidado de uno mismo.

El yoga y el ayurveda también nos brindan herramientas para protegernos de estos drenajes emocionales. Se sugiere, por ejemplo, empezar el día con prácticas de respiración consciente (*pranayama*) y meditación, para fortalecer el campo energético y mantenerlo limpio y luminoso. Se enseña que una persona enraizada en su esencia, conectada con su corazón y su respiración, se vuelve menos permeable a la negatividad ajena. No porque se vuelva indiferente, sino porque su energía ya no vibra en la misma frecuencia que el conflicto.

En Japón, la práctica del *Reiki* nos recuerda que podemos canalizar energía sanadora para nosotros y para los demás. Pero también nos enseña a no entregar más de lo que tenemos. Un reikista sabe que no es su deber salvar al otro a costa de su propio equilibrio. Hay sabiduría en saber cuándo dar, y cuándo retirarse con amabilidad.

Todas estas corrientes coinciden en un punto: el cuidado de la energía personal no es egoísmo, sino amor propio elevado a su expresión más espiritual. Cuando protegemos nuestra luz, no estamos juzgando al que vive en la sombra, sino eligiendo no apagar nuestra llama por compasión mal entendida. Porque, al final, solo podemos iluminar a otros desde una luz que sigue viva en nosotros.

Los vampiros emocionales, desde la visión oriental, no son enemigos, sino maestros disfrazados. Nos muestran nuestras fugas energéticas, nos enfrentan con nuestras heridas no sanadas, nos enseñan a decir «no» sin culpa y a priorizarnos sin caer en la dureza. No se trata de luchar contra ellos, sino de elevar nuestra vibración lo suficiente como para que su influjo pierda poder sobre nosotros.

Así, Oriente no propone la confrontación ni el rechazo, sino el cultivo interno. Nos invita a fortalecer el templo de nuestro ser, a afinar la sensibilidad para reconocer cuándo alguien viene a nutrirse de nuestra energía sin reciprocidad, y a responder no desde el miedo, sino desde la sabiduría del alma. El camino no es alejarnos de todos los que nos drenan, sino convertirnos en guardianes conscientes de nuestra paz interior.

EL BAÑO
DE BOSQUES

Capítulo 11

El baño de bosque

En Japón existe una práctica ancestral llamada Shinrin-Yoku, que significa literalmente «bañarse en el bosque». No se trata de nadar ni de un ejercicio físico complejo, sino de sumergirse en la naturaleza con todos los sentidos abiertos, como quien entra en un templo silencioso. La idea es simple y profunda a la vez: cuando caminamos despacio entre los árboles, cuando dejamos que el aire puro nos llene y la vista se pierda en el verde, nuestra energía cambia, el estrés se disuelve y el cuerpo recupera su equilibrio natural.

La primera vez que escuché hablar de ello pensé que era algo muy lejano, casi exótico. Sin embargo, cuando me mudé al campo y empecé a vivir más en contacto con la naturaleza, comprendí que ya lo estaba practicando sin saberlo.

Muchas veces, al salir de casa, camino entre la hierba húmeda, respiro hondo y siento cómo el murmullo de los árboles me envuelve. No voy con prisa ni con un destino fijo: simplemente me dejo abrazar por la naturaleza. Eso, descubrí, es el verdadero baño de bosque.

Los japoneses han estudiado científicamente esta práctica y han comprobado que reduce la presión arterial, fortalece el sistema inmunológico y disminuye el cortisol, la hormona del estrés. Pero más allá de los datos, lo que a mí me ha enseñado es mucho más íntimo: estar en la naturaleza es volver a casa. Cuando toco la corteza de un tronco, cuando escucho el viento, cuando miro el cielo azul con sus nubes o me detengo a mirar cómo la luz se filtra entre las hojas, recuerdo que no necesito nada más para sentirme plena.

Y aunque yo tengo la suerte de vivir en el campo, no hace falta mudarse para experimentar estos beneficios. Un paseo por un parque de la ciudad, una caminata por la playa, un sendero de fin de semana o incluso sentarse en silencio bajo un árbol mientras tiras piedras a tu perro, pueden convertirse en baños de bosque. La clave no es el lugar en sí, sino la forma en que lo habitamos: sin móvil en la mano, con los sentidos despiertos, regalándonos el tiempo de observar, oler, escuchar y sentir.

He vivido momentos en los que mi mente estaba saturada de pensamientos, y bastaba con salir a caminar despacio por un sendero o entre los árboles para que todo cambiara. Al principio la cabeza seguía enredada, pero poco a poco se iba despejando, como nubes que se disuelven en el cielo. Era como si la naturaleza me dijera: **«Déjame tus cargas, yo sabré qué hacer con ellas».** Y realmente así lo sentía: más ligera, más clara, más viva.

Hoy sé que el baño de bosque es un regalo siempre disponible. No exige grandes viajes ni rituales complicados. Solo pide presencia y voluntad de detenernos. La naturaleza, esté donde esté, tiene el poder de recordarnos lo esencial: que la vida late en cada rama, en cada brisa y en cada canto. Basta con dejarnos bañar por ella para regresar a nosotros mismos.

No se trata de una caminata rápida ni de una excursión deportiva, sino de una experiencia profundamente meditativa: caminar despacio en la naturaleza, respirar su aroma, escuchar el crujido de las hojas, sentir la brisa. El bosque, para los japoneses, es un lugar donde el alma se limpia, donde la mente se calma y el cuerpo se reencuentra con su ritmo natural. Es medicina sin pastillas, descanso sin necesidad de dormir.

Pero esta conexión sagrada con la naturaleza no es exclusiva del pensamiento japonés. En la India, los antiguos rishis —sabios y místicos de los Vedas— ya hablaban de los árboles como seres vivos que respiran, sienten y sanan. En lugar de llamarlo «baño de bosque», los hindúes simplemente *vivían* en la naturaleza. Los primeros textos espirituales fueron escritos en lo profundo de la selva, cerca de los ríos, bajo la sombra de árboles centenarios. No era una práctica puntual, era su forma de vida.

Para la tradición hindú, la naturaleza no es solo bella, es divina. Los árboles son moradas de los dioses, especialmente el *baniano*, el *peepal* (ficus religioso) o el *tulsi* (albahaca sagrada), plantas que no solo se veneran, sino que se cuidan como a miembros de la familia. Sentarse bajo un árbol y meditar no es un acto cualquiera: es abrirse a la vibración silenciosa de lo eterno. El bosque se convierte en templo.

Hoy, muchos buscan escapar del ruido y sanar el estrés con técnicas modernas, sin saber que el secreto está, y siempre estuvo, en lo más simple: volver a la tierra, al verde, al susurro de las hojas. Ya sea con nombre japonés o sabiduría hindú, el mensaje es el mismo: la naturaleza no solo nos rodea, también nos recuerda quiénes somos.

Salir al bosque no es un lujo, es un regreso. Y como dicen los sabios de la India: **«Lo que el alma olvida, el árbol se lo recuerda»**.

Guía práctica de reconexión con la naturaleza: El alma recuerda lo que el bosque susurra

No necesitas viajar a un templo en el Himalaya ni buscar un bosque sagrado en Japón para practicar la conexión consciente con la naturaleza. Basta con un parque cercano, un grupo de árboles, una colina o un jardín donde la vida verde respire en calma, como ya he comentado antes. Esta guía te propone una experiencia en cinco pasos, inspirada en la espiritualidad oriental, para reconectar con tu esencia a través del contacto con la tierra y el silencio natural.

1. Elige tu espacio con intención

Puede ser un bosque, una arboleda o simplemente un jardín tranquilo. Lo importante no es la cantidad de árboles, sino la calidad de tu presencia. Antes de entrar, haz una pequeña pausa. Lleva las manos al corazón y repite internamente:

«Me dispongo a recordar quién soy a través de la madre naturaleza».

Camina lento, en silencio. Cada paso es una ofrenda, no una meta.

2. Camina sin prisa, con todos tus sentidos

Imita al monje zen que camina como si besara la tierra con cada paso. No hables. No escuches música. Solo escucha el bosque: los pájaros, el viento, el crujido de las hojas. Siente la textura del suelo, huele la tierra húmeda, observa los detalles —una corteza rugosa, una flor inesperada, una hoja que cae—. Estás entrando en el lenguaje de lo sagrado.

3. Detente junto a un árbol: el encuentro con el sabio

Elige un árbol que te llame. No pienses, deja que tu intuición guíe. Siéntate cerca o apóyate suavemente en su tronco. Respira con él. Los antiguos hindúes creían que cada árbol tenía un *deva*, un espíritu guardián. No lo mires como un objeto, sino como un ser. Pregúntate en silencio:

¿Qué me quiere enseñar este árbol hoy?

No esperes una respuesta inmediata. Solo escucha. A veces, el silencio es la mayor enseñanza.

4. Meditación sencilla: Respirar con la vida

Cierra los ojos y lleva tu atención a la respiración. Inhala profundamente por la nariz, exhala por la boca. Siente cómo el aire que entra es *prana* —energía vital—. Visualiza que estás respirando no solo oxígeno, sino luz. Con cada exhalación, deja ir pensamientos, tensiones, preocupaciones. Quédate ahí de cinco a quince minutos.

Si tu mente se dispersa, repite mentalmente:

«Estoy aquí. Soy parte del todo».

5. Gratitud y cierre: Volver siendo otro

Antes de irte, junta tus manos en gesto de oración o toca con respeto el tronco del árbol. Agradece al lugar por acogerte. Los sabios hindúes siempre dejaban una ofrenda: una flor, un poco de agua, una palabra sagrada. No es necesario que hagas lo mismo, pero sí que te vayas con humildad, reconociendo que algo en ti se ha transformado. Al salir, no vuelvas igual. Vuelve más en paz, más tú.

Ejercicio opcional: Diario del alma verde

Después de cada experiencia, escribe una página en tu cuaderno espiritual. No con lógica, sino con el corazón. ¿Qué sentiste? ¿Qué comprendiste? ¿Qué cambió en ti?

A veces, el bosque responde días después. Mantente atento.

Este ritual no es un escape, es una medicina silenciosa. Practicarlo una vez por semana puede ayudarte a limpiar tu campo energético, recuperar claridad emocional y despertar una sensación de unidad que trasciende el estrés cotidiano. En un mundo que corre, tú puedes elegir detenerte y recordar.

Porque, como dicen en la India:

«El alma no sana en el ruido. Sana en el susurro de la vida que no grita».

Capítulo 12

La meditación: un viaje hacia dentro

La meditación es, para mí, como abrir una puerta que siempre estuvo dentro de nosotros, pero que a veces olvidamos que existe. Durante mucho tiempo pensé que meditar era algo complicado, reservado solo para monjes en templos o personas con una disciplina casi imposible de alcanzar. Sin embargo, con el tiempo entendí que la meditación es mucho más sencilla y cercana de lo que creemos: se trata de estar presentes, de respirar, de escuchar nuestro interior.

Siddhartha Gautama, el Buda, dijo: «La meditación trae sabiduría; la falta de meditación deja la ignorancia». Conoce bien lo que te conduce hacia adelante y lo que te retiene, y elige el camino que lleva a la sabiduría. Esta frase siempre me ha acompañado porque me recuerda que, aunque sea un minuto al día, dedicarlo a meditar ya es dar un paso hacia adelante en nuestra vida.

Los primeros pasos: poco a poco

Al comenzar, no hace falta pretender meditar durante una hora. Bastan unos minutos. Lo importante es la constancia, no el tiempo. Recuerdo mis primeras prácticas: me sentaba, cerraba los ojos y apenas aguantaba unos minutos antes de que mi mente se llenara de pensamientos. Pero en lugar de frustrarme, aprendí a observarlos, no te aferres a ello, déjalo pasar. Hoy, con el tiempo, puedo estar mucho más, pero lo que más me ayudó fue permitirme empezar.

Puedes apoyarte en videos tutoriales, audios de mantras o música suave. Los mantras, por ejemplo, generan una vibración que calma y centra la mente. Algunos recurren al Om, otros a invocaciones de paz o de gratitud. No hay una única forma correcta: hay caminos.

Mi rincón sagrado en casa

En mi casa he creado un pequeño altar. Allí pongo una vela, incienso, una figura de Buda que me acompaña desde hace años, otra de Ganesha que simboliza la superación de obstáculos, y a veces flores frescas o una fruta que ofrezco como símbolo de gratitud. Es un espacio íntimo, mío, donde cuando me siento sé que estoy entrando en un momento distinto, sagrado. Para ti, puede ser cualquier rincón de tu casa: un cojín en el suelo, una manta, un lugar en el que te sientas a gusto.

En mis meditaciones también están presentes las energías de los dioses hindúes: **Shiva**, símbolo de la transformación y la destrucción de lo viejo para renacer en lo nuevo; **Ganesha**, es una divinidad hindú con cabeza de elefante, hijo de Shiva y Parvati, conocido como dios de la sabiduría, la inteligencia y la prosperidad, y es el «Removedor de Obstáculos»; y **Vishnú**, guardián del equilibrio y la armonía en el universo. Recordar estas energías me ayuda a comprender que la vida es un constante fluir entre el cambio y la preservación, entre lo que dejamos atrás y lo que sostenemos.

La respiración consciente

Un paso esencial en la meditación es la respiración consciente. No se trata solo de respirar porque sí —lo hacemos automáticamente todo el día—, sino de tomar consciencia de cada inhalación y exhalación. Un ejercicio sencillo es este:

1. Siéntate con la espalda recta.
2. Cierra los ojos suavemente.
3. Inhala contando hasta cuatro, sostén el aire dos segundos y exhala contando hasta seis.
4. Repite este ciclo durante unos minutos, sintiendo cómo tu cuerpo se relaja con cada exhalación.

La respiración consciente es un puente directo al presente. Nos trae aquí, ahora, y nos devuelve a nuestro centro.

La meditación en lo cotidiano

Con el tiempo, descubrí que la meditación no es solo sentarse en silencio. Se puede meditar en lo cotidiano, y eso cambió mi vida.

Una ducha consciente: sentir cómo el agua recorre tu cuerpo, imaginar que limpia no solo tu piel sino también tus preocupaciones, dejando que el agua se lleve todo lo que ya no necesitas.

Caminar despacio: percibir el contacto de tus pies con el suelo, el ritmo de tu respiración, los sonidos del entorno.

Comer con atención: como hemos hablado en el capítulo seis, mirar los colores de los alimentos, masticar despacio, agradecer la comida antes de ingerirla.

Cada uno de estos actos simples se convierte en un ritual de conexión cuando los hacemos con presencia.

Los beneficios de meditar

Con la práctica, he comprobado en mí misma los beneficios de la meditación: mi mente se calma, incluso en días de tormenta interior. He aprendido a observar mis emociones sin dejar que me arrastren.

Duermo mejor, me siento más ligera y con más claridad para tomar decisiones.

Y, sobre todo, me ha dado un espacio de paz que siempre está disponible, incluso en medio del caos. Meditar no significa huir del mundo, sino aprender a vivir en él con más equilibrio.

Es un camino que se va recorriendo paso a paso, a veces con tropiezos, pero siempre con la certeza de que cada instante de silencio nos acerca un poco más a nosotros mismos.

La sabiduría de Oriente frente al ruido de Occidente

En Oriente, meditar nunca fue una técnica, sino una forma de vivir. Tanto en la India como en Japón, la meditación no se reduce a un momento del día, sino que es un entrenamiento continuo del alma. Es la forma en que se respira, se camina, se sirve el té, se mira el cielo. No se medita para obtener algo: se medita para recordar quién se es.

Meditación hindú: sumergirse en lo eterno

La meditación hindú nace de los Vedas, las escrituras más antiguas de la India, donde se describe el acto de meditar como *dhyana*: un estado profundo de absorción donde el meditador y lo meditado se funden. No se trata de «no pensar», sino de trascender el pensamiento, como el río que sigue fluyendo sin aferrarse a ninguna piedra.

El practicante se sienta en silencio, con la columna recta, y repite internamente un *mantra*, como el sagrado «Om» o el poderoso «So'ham» («Yo soy Eso»). Cada repetición no es solo un sonido, es una vibración que armoniza el cuerpo, la mente y el espíritu. El objetivo no es controlar la mente, sino rendirse ante algo más grande: el alma, el Ser, la conciencia universal.

La meditación hindú acepta los pensamientos como nubes pasajeras. No se lucha contra ellos. Se los observa, se los deja ser, y luego se los suelta. Así, poco a poco, se accede a un espacio interior de silencio que no es vacío, sino pleno. Un silencio que cura.

Meditación japonesa: el arte de estar completamente aquí

En Japón, la meditación se conoce como *zazen* («meditación sentada»), y es la base del budismo zen. A simple vista, parece similar: se sientan en postura de loto, con la espalda erguida y la mirada suave, mirando hacia el vacío o hacia una pared. Pero en su esencia, *zazen* no busca trascender, ni repetir mantras, ni alcanzar ningún estado elevado. Es, simplemente, **estar**.

El maestro zen dirá: «No intentes meditar. Solo siéntate y sé». En ese acto tan simple —y tan difícil— reside la gran revolución del zen: no hay nada que cambiar, no hay mente que calmar, no hay iluminación que alcanzar. Todo ya está aquí, si uno aprende a habitarlo.

El énfasis japonés está en la atención absoluta al momento presente. El sonido de un cuenco, el vapor del té, la caída de una hoja… Todo puede ser meditación si se vive con plena presencia. No hay separación entre lo sagrado y lo cotidiano. Todo es camino.

Occidente: ¿meditamos o huimos de nosotros mismos?

En la cultura occidental, muchas veces se medita para escapar: del estrés, del pasado, de la ansiedad. Se busca «relajarse», «desconectar» o incluso «hackear la mente». Se transforma la meditación en una herramienta de productividad, una forma de rendir más, dormir mejor o controlar las emociones. Sin saberlo, se sigue corriendo… pero ahora con los ojos cerrados.

El error no está en la búsqueda, sino en la expectativa. La meditación no es una técnica rápida ni una pastilla natural. Es una práctica sagrada que requiere entrega, constancia y humildad. No se trata de sentirnos bien todo el tiempo, sino de ser reales todo el tiempo.

Lo que Oriente nos recuerda

La India nos enseña a mirar hacia adentro con devoción. Japón nos invita a estar aquí con total presencia. Ambos caminos apuntan a lo mismo: volver al hogar interior. No al personaje, no al ego, no a la autoexigencia. Sino a ese espacio íntimo donde el alma reposa, sin máscaras, sin metas. Meditar no es una moda. Es un regreso.

A veces dulce, a veces incómodo. Pero siempre transformador.

Y tú, ¿estás dispuesto a detenerte y escuchar lo que ya vive en tu silencio?

SILENCIAR AL GUARDIÁN INVISIBLE: INVISIBLE: EL EQUILIBRIO DEL CORTISOL

Capítulo 13

Silenciar al guardián invisible:

el equilibrio del cortisol

Durante mucho tiempo no sabía ponerle nombre a esa sensación de tensión interna. Me levantaba cansada, aunque hubiera dormido ocho horas, y durante el día todo parecía costarme un esfuerzo extra. Mi cuerpo estaba en estado de alerta constante, como si algo malo fuera a suceder en cualquier momento. Fue entonces cuando descubrí que no era solo estrés: era mi cortisol, esa hormona que, en exceso, se convierte en una especie de «guardián invisible» que nunca descansa.

El papel del cortisol en nuestras vidas

El cortisol tiene mala fama, pero no es nuestro enemigo. Es la hormona que nos ayuda a reaccionar cuando necesitamos correr, protegernos o responder ante un peligro real. Es, en cierta forma, un aliado de la supervivencia. Si un coche frena bruscamente delante de ti, el cortisol te da la chispa de reacción para apartarte.

El problema aparece cuando ese mecanismo no se apaga, cuando el cuerpo interpreta cada correo electrónico, cada discusión o cada preocupación como si fueran un león acechando en la selva. Vivir con el cortisol disparado es como llevar siempre un motor encendido al máximo: tarde o temprano, se quema.

Con el tiempo, un exceso de cortisol desgasta el sistema inmunológico, favorece el insomnio, dificulta la pérdida de peso, alimenta la ansiedad e incluso puede provocar problemas de memoria. Es un ladrón silencioso que roba energía sin que nos demos cuenta.

Un ejemplo cercano, recuerdo a una mujer a la que acompañé en consulta, llamémosla Ana. Tenía cuarenta y dos años, madre de dos hijos y trabajaba en un puesto de responsabilidad. Me decía: «Duermo, pero no descanso. Me levanto agotada y con la sensación de tener que luchar todo el día». Tras revisar sus hábitos, vimos que no era falta de tiempo, sino un exceso de activación. Su cuerpo nunca entendía que estaba a salvo. Empezamos con prácticas muy simples: cinco minutos de respiración consciente al despertar, paseos de quince minutos sin móvil y un pequeño ritual antes de dormir (leer unas páginas de un libro ligero con una infusión relajante). Tres semanas después me dijo: «Es como si por fin hubiera bajado el volumen del ruido interno». Su cortisol, sin ser medido en laboratorio, había descendido porque su cuerpo lo estaba mostrando: mejor descanso, menos antojos de azúcar y más calma.

Cómo silenciar al guardián invisible

Aprendí que bajar el cortisol no significa escapar del mundo ni renunciar a mis responsabilidades, sino crear pequeños refugios de calma en mi día a día. No se trata de grandes cosas, sino de gestos sencillos y sostenibles:

Respirar profundamente antes de contestar una llamada que me incomoda.

Darme una ducha consciente, sintiendo el agua que me limpia no solo el cuerpo, sino también las preocupaciones.

Caminar descalza por la hierba, aunque sea en un parque, y recordarle a mi sistema nervioso que no hay ningún león, que estoy a salvo.

Decir que no cuando siento que mi agenda se desborda, porque aprender a poner límites también calma al cortisol.

Cuidar lo que pongo en mi plato: menos café, más infusiones; menos procesados, más frutas, verduras y alimentos que nutran.

Una vez, en medio de una guardia, sentí que mi corazón latía demasiado rápido sin motivo.

En vez de ignorarlo, como hacía normalmente, cerré los ojos un instante, hice tres respiraciones largas y profundas, y pude sentir cómo ese «guardián invisible» se relajaba. Descubrí que el poder de regularlo estaba, en gran parte, en mí.

Un recordatorio necesario

Como dice Hans Selye, pionero en el estudio del estrés: **«No es el estrés lo que nos mata, sino cómo reaccionamos a él»**.

Y es que mantener el cortisol bajo no es un lujo, es un acto de amor propio. Es recordarnos, cada día, que no estamos aquí para sobrevivir en estado de alerta, sino para vivir en paz y con plenitud.

Porque cuando el guardián invisible se calma, la vida fluye con más ligereza.

En Oriente, el cortisol **no existe como concepto**, y, sin embargo, llevan miles de años sabiendo cómo neutralizar sus efectos.

Allí no se trata de «químicos cerebrales» ni de diagnósticos clínicos, sino de **energía vital**. Cuando esta energía fluye armónicamente, el cuerpo está sano, la mente clara y el corazón en paz. Cuando se bloquea, aparecen el desgaste, la fatiga y la enfermedad. Lo que aquí se diagnostica como exceso de cortisol, allí se interpreta como una desconexión profunda del ritmo natural del ser.

La medicina del alma no necesita nombres científicos

Los sabios orientales no hablaban de glándulas suprarrenales ni de respuestas bioquímicas. Ellos observaban el cuerpo, la respiración, el sueño, los pensamientos, el pulso. Sabían que un cuerpo tenso, una respiración corta o un sueño agitado eran señales de que el sistema estaba en desequilibrio. Sabían **que el estrés no se cura con medicamentos, sino con presencia.**

Donde Occidente receta ansiolíticos, Oriente prescribe silencio.

Donde aquí se indica ejercicio cardiovascular para «bajar el cortisol», allí se sugiere sentarse en quietud, observar el pensamiento, inhalar profundamente, soltar las tensiones acumuladas con conciencia y suavidad.

Porque el estrés, para Oriente, **no es un enemigo externo**, sino un desorden interno. Un alejamiento del centro. Una mente que se adelantó al futuro o que quedó atrapada en el pasado. Y el único remedio verdadero, según ellos, es volver aquí, al ahora, al cuerpo, al alma.

El cortisol baja cuando el alma descansa

Las prácticas tradicionales orientales —como el yoga, el tai chi, la meditación zen o la medicina ayurvédica— no se diseñaron para combatir el estrés moderno, pero funcionan como su mejor antídoto. No por atacar el cortisol directamente, sino por **disolver su causa: la desconexión interior.**

Los estudios actuales demuestran que estas prácticas reducen efectivamente los niveles de cortisol. Pero ellos ya lo sabían sin medirlo. Porque cuando la respiración se hace profunda, cuando la mente se calma, cuando el cuerpo se siente en paz, el cortisol naturalmente baja, sin necesidad de entender su estructura molecular.

En India, se dice que el exceso de pensamiento agita el *vata dosha*, el principio del movimiento. Cuando vata está desequilibrado, la mente no para, el cuerpo se agota, el sistema nervioso se agita. ¿No es eso mismo lo que el cortisol hace en nosotros? Pero los sabios ayurvédicos no buscan suprimir esa energía, sino equilibrarla con masajes, hierbas, descanso, alimentación consciente y sobre todo... con calma interior. Cuando estuve en Rishikesh (India) tuve la gran suerte de poder asistir a una consulta con la doctora Usha Vaishnava en un centro de terapia ayurvédica, que ofrece una atención médica integral basada en los principios del auténtico Ayurveda. Salí encantada de allí, toda la consulta basada en cuáles son los hábitos rutinarios de vivir, trabajar, ejercicios, dormir, comer, etcétera, y el tratamiento es preventivo.

En Japón, los monjes zen no hablan de hormonas, pero dedican horas al día a sentarse en *zazen*, en el más absoluto silencio. Ellos saben que el sistema nervioso necesita parar. Que la mente necesita vaciarse. Que la verdadera salud no nace del control, sino del abandono.

Una vida sin guerra interior

Mientras en Occidente buscamos «combatir el estrés», en Oriente buscan **vivir en armonía con la existencia**. No es una lucha, es una rendición. No es control, es consciencia.

Y tal vez esa sea la clave. El cortisol no es el enemigo. Es solo una señal. Una alarma del cuerpo que nos dice: «Algo en ti está fuera de ritmo». No necesita pastillas, necesita escucha. No pide rendimiento, pide descanso. No se calma con presión, se calma con presencia.

Oriente entendió esto hace siglos. Por eso, aunque no nombren al cortisol, saben cómo abrazar su sombra. Saben que el cuerpo no se cura por imposición, sino por respeto. Que el alma no vuelve a casa a gritos, sino con ternura.

Quizás no se trata de eliminar el estrés, ni de apagar el cortisol. Tal vez se trata, simplemente, de **vivir de otro modo**. Más lento. Más presente. Más humano. Más en sintonía con el corazón que con el reloj.

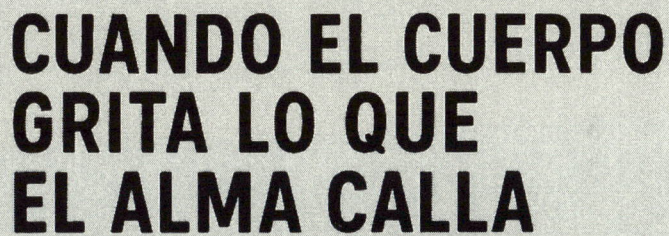

CUANDO EL CUERPO GRITA LO QUE EL ALMA CALLA

Capítulo 14

Cuando el cuerpo grita lo que el alma calla

Hay un momento en la vida en que el cuerpo se convierte en un mensajero. No importa cuánto intentemos tapar, distraer o ignorar, lo que no resolvemos en nuestro interior termina buscando una salida. Y la encuentra, casi siempre, a través del cuerpo. Dolores que no tienen explicación aparente, enfermedades recurrentes, fatiga crónica, problemas digestivos, contracturas... cada síntoma es como una carta sin abrir que nos envía nuestra propia biología para avisarnos de que algo no está en orden. ¡Qué poca cuenta le echamos!

El estrés, por ejemplo, es una de las formas más claras de somatización. Vivimos corriendo, con la mente sobreestimulada, y el cuerpo no distingue si ese peligro es real o imaginario, ya estamos otra vez con el cortisol por las nubes, qué tendríamos que hacer en esta circunstancia ya lo hemos comentado en el capítulo anterior ante todo respirar, etcétera. Si no te acuerdas, vuelve a leerlo, no está de más.

Recuerdo el caso de una mujer que atendí en consulta, trabajadora incansable, siempre disponible para todos menos para sí misma. Tenía migrañas semanales, insomnio y problemas digestivos. Tras varias pruebas médicas, todo parecía «normal». Hasta que empezamos a trabajar lo emocional: la presión que sentía de ser perfecta, de no defraudar, de cargar con más de lo que podía. Poco a poco fue aprendiendo a soltar, a decir que no, a poner límites. Curiosamente, sus migrañas comenzaron a espaciarse y su estómago volvió a la calma. El cuerpo había estado somatizando lo que su mente no quería escuchar.

El psiquiatra y escritor Carl Jung dijo: **«La enfermedad es el esfuerzo que hace la naturaleza para curar al hombre».** Qué frase tan certera.

La enfermedad, lejos de ser solo un enemigo, es también un llamado de atención, un intento de devolvernos al equilibrio. Nos invita a detenernos, a escucharnos, a mirar aquello que evitamos. Las somatizaciones no siempre son grandes diagnósticos. A veces son pequeñas señales: un resfriado cada mes, la piel que se irrita sin razón aparente, una contractura en la espalda, cuello, que vuelve siempre al mismo lugar. Todas ellas son formas en las que nuestro cuerpo nos está diciendo: **«Basta, atiéndeme».**

Por eso, comprender la relación entre emoción y cuerpo es fundamental.

No se trata de culparnos ni de pensar que todo lo que nos ocurre es **«culpa»** de nuestra mente, sino de abrirnos a una visión integradora. Porque somos cuerpo, mente y emoción al mismo tiempo.

Yo misma lo viví en carne propia. Cuando me detectaron una gammapatía monoclonal autoinmune, fue un hallazgo casual a través de una analítica para ginecología, salió alterado uno de los parámetros, una proteína alta. Al principio no entendía por qué a mí. Con el tiempo comprendí que esa señal fue lo que me llevó a replantearme toda mi vida: mis ritmos, mis miedos, mis prioridades.

Fue ese diagnóstico el que me empujó a realizar sueños pendientes, a viajar, a vivir más en contacto con la naturaleza y a escuchar mi interior.

Hoy agradezco ese diagnóstico porque me obligó a mirarme con otros ojos.

El cuerpo habla, siempre. Y si aprendemos a leer su lenguaje, no solo podremos aliviar los síntomas, sino transformar la raíz de lo que los provoca. El estrés, las emociones no expresadas y las cargas invisibles que arrastramos no desaparecen solos: buscan salida en la piel, en el estómago, en el corazón. Atenderlos a tiempo es, quizá, el mayor acto de amor propio.

No todos sentimos de la misma forma, ni mucho menos expresamos o procesamos nuestras emociones del mismo modo. Y es allí donde Oriente y Occidente toman caminos muy distintos.

Dos maneras de mirar hacia adentro

En la cultura asiática —particularmente en países como Japón, China o Corea— las emociones no se ven como algo que necesariamente debe ser exteriorizado. **La contención emocional es una virtud**, no una carga. Mostrar tristeza, enfado o dolor puede ser considerado un signo de debilidad, o incluso una falta de respeto hacia el entorno. Desde niños, muchos asiáticos aprenden a *guardar* lo que sienten para no alterar la armonía del grupo, la familia o la comunidad.

En cambio, en muchas culturas occidentales, especialmente en América y Europa, se valora **la expresión individual**. Hablar de lo que se siente, ir al psicólogo, gritar lo que duele: todo esto se considera saludable. **Expresar es sanar**, y el silencio emocional se asocia a menudo con represión o trauma.

¿Quién tiene razón? ¿Es mejor contener o liberar? Quizás la pregunta no es cuál camino es mejor, sino **cómo cada camino afecta al cuerpo y al alma.**

La medicina del equilibrio

El desafío no es elegir entre Oriente u Occidente. El verdadero reto es **aprender a integrar lo mejor de ambos mundos**.

Del Oriente podemos aprender la sabiduría del silencio, la meditación, la pausa que permite sentir sin necesidad de reaccionar. Aprender a respirar antes de hablar, a mirar hacia dentro sin miedo.

Del Occidente podemos tomar la valentía de nombrar lo que duele, la fuerza de pedir ayuda, la comprensión de que hablar no es debilidad, sino coraje.

El cuerpo no miente. Si nos duele, es porque algo no está fluyendo. A veces es una emoción no dicha, una herida no vista, un duelo no cerrado. Y no importa si nacimos en Tokio o en Sevilla: lo que no sanamos en el alma, lo cargamos en el cuerpo.

Un camino hacia lo sagrado

Quizás la espiritualidad más profunda no está en pertenecer a una religión o practicar un dogma, sino en **escuchar con atención lo que sentimos, sin juicio**. El alma habla en susurros, y si no la escuchamos, el cuerpo grita.

Sanar no es dejar de sentir. Sanar es permitirnos sentir con conciencia, con amor, con presencia. Es aprender a decirnos la verdad, aunque duela. Es aprender a llorar, a respirar, a soltar, a perdonar. Y es ahí donde el cuerpo ya no tiene que gritar, porque el alma por fin fue escuchada.

EL EGO:
AMIGO Y ENEMIGO SILENCIOSO

Capítulo 15

El ego: Amigo y enemigo silencioso

El ego es esa voz que susurra dentro de nosotros constantemente. Nos dice quiénes somos, qué nos diferencia de los demás, qué necesitamos para sentirnos seguros. A veces nos impulsa a brillar y a defender lo nuestro; pero, en otras ocasiones, se convierte en una cárcel invisible que nos mantiene atados al miedo, la comparación o la necesidad de tener siempre la razón.

Ryan Holiday: «**El ego es el enemigo**». Ofrece una perspectiva, viendo al ego como un impedimento para el aprendizaje, el crecimiento y el éxito. Una lectura muy recomendada para las personas que necesiten ampliar este tema. Son capítulos cortos muy amenos.

El ego aparece disfrazado de muchas maneras: En la ofensa por un comentario mínimo. En los celos o la envidia silenciosa. En la necesidad de tener la última palabra.

En la dificultad para pedir perdón o reconocer errores.

En la insatisfacción constante frente al espejo.

El problema no es tener ego —porque todos lo tenemos—, sino identificarnos tanto con él, que olvidamos quiénes somos de verdad. El ego no es nuestra esencia, sino una construcción mental, un personaje que adoptamos para sobrevivir en el mundo.

El ego en las tradiciones orientales, en el hinduismo, este concepto se conoce como **ahamkara**, que significa literalmente «el hacedor del yo». El ahamkara es la identificación de la conciencia con la mente, el cuerpo y la personalidad. Es lo que nos hace decir «yo soy esto» o «yo soy aquello». Pero según la tradición védica, esta identificación es ilusoria, porque nuestra verdadera naturaleza —el atman, el alma— es mucho más amplia y eterna que cualquier etiqueta o rol que asumamos.

El *Bhagavad Gita*, uno de los textos más sagrados de la India, señala que el sufrimiento surge cuando creemos que somos solo nuestro ego. El camino espiritual consiste en reconocer que detrás de ese personaje limitado hay un ser divino, una chispa eterna que no depende de lo externo.

En el budismo, el ego se relaciona con el anatta o no-yo. Buda enseñó que el apego al ego es una de las principales causas del sufrimiento humano. Cuando nos aferramos a la idea de «yo», «mí» y «mío», nos enfrentamos constantemente a la frustración, porque nada en la vida es permanente: ni nuestro cuerpo, ni nuestras posesiones, ni nuestras ideas.

El budismo no propone destruir el ego, sino ver a través de él, comprender que no es sólido, que es una ilusión transitoria. Cuando logramos observarlo sin engancharnos, experimentamos la libertad de no estar atrapados en esa constante lucha por definirnos o defendernos.

Integrando estas visiones

Occidente nos ha enseñado a fortalecer la individualidad, mientras que Oriente nos recuerda que somos mucho más que ese yo limitado.

Ambas visiones pueden convivir: necesitamos un ego sano que nos ayude a desenvolvernos en el mundo, pero también una conciencia despierta que nos conecte con algo más profundo.

Cuando entendemos el ego como una herramienta y no como nuestra identidad, lo usamos para crecer, no para separarnos. Y cuando lo observamos desde la calma, descubrimos que detrás de él habita la esencia que siempre permanece: el ser, el alma, la conciencia pura.

Ejemplo cotidiano: Imagina que alguien te corrige en público. El ego, automáticamente, reacciona: «¿Quién se cree que es para hablarme así?». Pero si respiras y observas, descubres que esa corrección puede ayudarte a mejorar, y que no necesitas atacar para defender tu valor.

Ese instante de conciencia es un triunfo sobre el ego, un paso hacia tu libertad interior.

Ejercicio práctico: El minuto del silencio interior

Cada día, dedica un minuto a observar tus pensamientos sin engancharte. Cierra los ojos, respira profundo y pregúntate:

«¿Esto que pienso nace del amor o del ego?»

Hazlo especialmente cuando sientas rabia, envidia o ganas de discutir. Este hábito, inspirado tanto en la meditación budista como en la práctica del yoga, entrena tu mente para que no sea el ego quien decida, sino tu esencia más profunda.

El ego no es algo que debamos destruir, sino comprender. Como un caballo salvaje, si lo dejamos libre nos arrastra sin control; pero si aprendemos a guiarlo, puede llevarnos muy lejos. El secreto está en recordar que el ego es solo un papel que representamos, mientras nuestra verdadera identidad —como enseñan Oriente y Occidente— es mucho más grande, luminosa y eterna.

Conclusión: Aprender a controlar el ego

Aprender a reconocer y controlar el ego es uno de los mayores actos de libertad que podemos darnos. No se trata de eliminarlo, porque el ego también cumple funciones necesarias en nuestra identidad, sino de ponerlo en su lugar, de no dejar que sea él quien dirija nuestra vida.

El ego descontrolado busca constantemente llenar vacíos con cosas externas: más objetos, más reconocimiento, más comparaciones, más posesiones. Nos convierte en esclavos del «quiero más», en una rueda que nunca termina de girar. Y lo más curioso es que, aunque logremos tenerlo todo, nunca es suficiente. Tengo una prima que, desde hace tiempo, en su casa no entra nada de decoración como no salga algo, es una táctica para controlar el ego, por ejemplo: me gusta ese jarrón para la estantería y tanto ella como su marido deciden qué va a salir de la casa, para que entre ese objeto. Es efectivo, yo uso esa técnica desde que la escuché, es muy efectiva.

Hoy vivimos en una sociedad de abundancia, donde ya no compramos por necesidad, sino por impulso. El ego se disfraza de deseo: si tenemos un chaleco, queremos otro de otro color, y después todos los colores. Si tenemos zapatos, buscamos más pares, aunque apenas los usemos. Si ya tenemos bolsos, aún sentimos que necesitamos uno más, de una marca diferente, de un diseño nuevo. No se trata de utilidad, sino de alimentar al ego con la ilusión de que ese objeto traerá satisfacción. Pero la verdad es que ningún bolso, ningún chaleco ni ningún par de zapatos puede darnos paz interior.

El hinduismo y el budismo coinciden en este punto: el ego siempre quiere acumular, porque teme al vacío. Pero cuando aprendemos a observar ese deseo y no reaccionar a él, algo cambia profundamente.

Entonces, en lugar de coleccionar cosas externas, empezamos a cultivar lo interno: la calma, la gratitud, la conciencia.

Controlar el ego es, en realidad, controlar nuestra vida. Es elegir conscientemente no ser arrastrados por la comparación, la carencia o la insatisfacción. Es recordar que ya somos completos, que no necesitamos más adornos para sentirnos valiosos.

Cada vez que frenamos ese impulso automático de comprar algo innecesario, estamos entrenando nuestro poder interior. Y en esa pequeña victoria, aparentemente insignificante, hay un mensaje enorme: soy libre del ego, no soy esclavo de mis deseos.

Al final, controlar el ego no es privarse, sino ganar espacio para lo que de verdad importa: la paz, el equilibrio, la libertad interior.

COMIENZA
TU CAMINO

Epílogo

El viaje continúa.

Has llegado hasta aquí, a este punto donde las palabras se vuelven silencio se transforma en semilla. Quizá, mientras leías, sentiste que algunas páginas te hablaban directamente, como si se hubieran escrito para ti. No es casualidad. La vida siempre encuentra la manera de colocarnos frente a aquello que necesitamos escuchar en el momento justo.

Este libro no pretende darte respuestas absolutas ni fórmulas mágicas. Lo que has sostenido entre tus manos es un mapa, un recordatorio de que ya llevas dentro una brújula. Cada capítulo ha sido una invitación a mirar hacia adentro, a cuestionar creencias, a soltar lo que ya no sostiene y a reencontrarte con la parte más auténtica de ti misma.

Ahora, el siguiente paso no está escrito aquí: está en tu vida. Porque el verdadero libro comienza cuando cierras estas páginas y eliges vivir lo aprendido. Cuando respiras más despacio. Cuando eliges el alimento que nutre de verdad, no solo el cuerpo, sino también al alma. Cuando decides que el miedo no marcará tu camino, sino que caminarás a pesar de él.

Si algo quiero que te lleves de estas páginas es la certeza de que la transformación es posible. Que nunca es tarde para empezar, y que incluso las heridas, los miedos y las caídas pueden convertirse en raíces fértiles de un nuevo florecer.

Este no es el final de un libro, sino el inicio de un nuevo capítulo en tu historia. Uno que solo tú puedes escribir con tus elecciones, tu voz y tu manera única de habitar el mundo.

Que sigas caminando ligera, auténtica y plena.

Que sigas confiando en tu proceso, incluso cuando no veas con claridad.

Que sigas recordando, siempre, que dentro de ti ya está todo lo que necesitas.

Gracias por haberme acompañado en este viaje. Ahora te toca a ti continuar el tuyo.